Steaks, Braten & mehr

Steaks, Braten & mehr

Die besten Rezepte mit Rind

PAUL GAYLER

Fotografiert von Peter Cassidy

DK

DORLING KINDERSLEY
London, New York, Melbourne, München und Delhi

Für die deutsche Ausgabe
Programmleitung Monika Schlitzer
Projektbetreuung Elke Homburg
Herstellungsleitung Dorothee Whittaker
Herstellung Anna Strommer

Bibliografische Information Der Deutschen Bibliothek
Die Deutsche Bibliothek verzeichnet diese Publikation in der Deutschen Nationalbibliografie; detaillierte bibliografische Daten sind im Internet über http://dnb.ddb.de abrufbar.

Titel der englischen Originalausgabe:
STEAK

Der Originaltitel erschien 2006 in Großbritannien bei Jacqui Small LLP, Aurum Press Limited, London

Verleger Jacqui Small
Design Lawrence Morton
Lektorat Madeline Weston
Foodstyling Linda Tubby
Requisite Roisin Nield
Herstellung Peter Colley

Übersetzung Helmut Ertl
Redaktion Karen Dengler

ISBN 978-3-8310-1280-0

Printed and bound in Singapore by Imago

Besuchen Sie uns im Internet
www.dk.com

Danksagung

Ich danke Jacqui und Kate von Jacqui Small Publishers für die Gelegenheit, das Thema Steaks ganz nach meinem Geschmack aufzubereiten. Die schöne Gestaltung des Buchs in Form und Inhalt verdanke ich dem Engagement und der Professionalität folgender Personen: Linda Tubby, Foodstylistin und gute Freundin, und Peter Cassidy, Fotograf. Weiterhin danke ich für die Gestaltung Lawrence Morton und Requisiteur Roisin Nield. Madeline Weston danke ich für das Lektorat, Jane Middleton für ihre Hilfe in der Planungsphase und im Frühstadium des Manuskripts; Lara King unterstützte das Projekt mit ihrem Organisationstalent. Und ein Dankeschön natürlich an meine Köche, allen voran Paolo Genuino, der bei den Rezepttests eine ganz besonders große Hilfe war.

Ein spezieller Dank gilt dem Geschäftsführer Gerry Wensley und John Jenkins von Fairfax Meadows für ihre großzügige und bereitwillige Versorgung mit Fleisch für die Fotos. Und natürlich danke ich auch für das tägliche Fleisch in Top-Qualität für die anspruchsvollen Gäste unseres Hotels!

Inhalt

EINFÜHRUNG

Raten Sie mal, was wir Köche an unserem freien Tag am liebsten essen? Sie werden es nicht glauben, aber nach den vielen endlosen Abenden in der Küche mit aufwendigen und komplizierten Speisen lechzen wir geradezu nach etwas Schnörkellosem, das schnell geht und einfach zuzubereiten ist. Sie tippen auf STEAK? Dann liegen Sie goldrichtig.

Es geht doch nichts über ein zartes, saftiges Steak, schlicht über Holzkohle gegrillt – jeder Barbecue-Fan kann das bestätigen. Allerdings sollte man wissen, woran man ein gutes Steak erkennt und worauf es bei der Zubereitung ankommt.

Dieses Buch soll Sie sicherer im Umgang mit Steaks und anderen Rindfleischzubereitungen machen. Dazu gibt es viele Tipps und Anregungen, angefangen bei der richtigen Wahl des Fleisches über die Aufbewahrung bis zur Vor- und Zubereitung. Die Rezepte umfassen die ganze Bandbreite der Möglichkeiten: Steaks aus der Pfanne, Würziges vom Grill, Gebratenes aus dem Ofen, Exotisches, Klassiker und vieles mehr. Jedes Rezept gibt das jeweils am besten geeignete Fleisch an, und einige einleitende Grundkenntnisse über die unterschiedlichen Teilstücke sollen Ihnen die richtige Wahl an der Ladentheke erleichtern und das Auge für Qualität schulen.

Guten Hunger!

Was macht ein gutes Steak aus?

Das meiste weltweit produzierte Rindfleisch unterliegt staatlichen Qualitätskontrollen. In Deutschland garantiert u. a. das blaue QS-Siegel (geprüfte Qualitätssicherung) eine kontrollierte Erzeugung auf hohem Niveau. Noch strenger sind die Standards des grün-schwarzen Bio-Siegels. Zwei wesentliche Kriterien für die Qualität sind die Fleischreife und der Fettgehalt. Ganz besonders wichtig ist die sogenannte Marmorierung, das intramuskuläre Fett, das in feinen Äderchen das Muskelfleisch durchziehen sollte. Es macht das Fleisch während des Garens mürbe, saftig und geschmackvoll.

Auch die Reifung hat großen Einfluss auf die Fleischqualität. Während des Reifens oder »Abhängens« bei 1–4 °C bildet sich an der Oberfläche des Schlachtkörpers eine harte Kruste, während Enzyme das Muskelgewebe im Innern aufschließen und mürbe machen. Wie bei Wild wird das Fleisch erst durch sachgemäße Reifung zart und aromatisch.

Die Qualität macht's

Für Top-Qualität sollten Sie ein wählerisches Auge auf die Herkunft des Fleisches haben. Das beste liefern gras- oder korngefütterte Rinder, die frühestens im Alter von 24 Monaten geschlachtet werden.

Hier einige Tipps, worauf Sie beim Einkauf achten sollten:

Wählen Sie

- Frisches, gut gekühltes Fleisch von einem Fleischer Ihres Vertrauens.
- Dunkelrotes festes Fleisch mit heller Fettabdeckung.
- Zarte Teilstücke aus der Hochrippe, dem Roastbeef oder der Hüfte, die gut marmoriert sind. Denken Sie daran: Fett bedeutet Geschmack.
- Fleisch mit einem seriösen Gütesiegel. Lesen Sie bei abgepacktem Fleisch sorgfältig das Etikett.

Meiden Sie

- Billigfleisch und tiefgefrorene Produkte.
- Helles Fleisch mit weißlich-blassem Fett.
- Abgepacktes Fleisch mit übermäßig viel Feuchtigkeit in der Packung.

Fleisch aufbewahren

Fleisch sollte bei 1–4 °C gelagert werden. Nehmen Sie es etwa 30 Minuten vor dem Garen aus dem Kühlschrank, damit es sich auf Raumtemperatur erwärmen kann. Lagern Sie rohes Fleisch aus hygienischen Gründen getrennt von anderen Speisen und Lebensmitteln, am besten in einem fest verschlossenen Behälter; so vermeiden Sie Verschmutzungen und Keimbildungen, etwa durch herabtropfenden Saft.

Wenn Sie Fleisch einfrieren müssen (wovon ich generell abrate), sollte es sorgfältig eingewickelt und möglichst schockgefrostet werden. Verbrauchen Sie es innerhalb von drei Monaten.

Welches Stück für welche Zubereitung?

Unabhängig von der Qualität besteht jeder Schlachtkörper aus zarteren und zäheren Teilstücken, je nachdem, aus welcher Muskelpartie das Fleisch stammt und wie stark sie zu Lebzeiten beansprucht wurde. Einige Partien wie das Filet bestehen aus nur einem Muskel, andere setzen sich aus mehreren Strängen zusammen. Fleisch von weniger beanspruchten Muskeln ist teurer, aber auch einfacher zuzubereiten.

Sehnige und stärker belastete Muskeln wie Beinfleisch haben gröbere Fasern und benötigen relativ lange Garzeiten.

Bei Steaks ist »mager« selten gleichbedeutend mit gutem Geschmack, im Gegenteil: Die aromatischsten Steaks liefern die fetteren, gut durchwachsenen Stücke.

Auf der Suche nach dem perfekten Steak ist neben der Wahl des richtigen Stücks auch die geeignete Garmethode entscheidend.

Hier eine Übersicht der wichtigsten Teilstücke vom Rind:

Hochrippe (Hohe Rippe)

Die Hochrippe ist für mich das beste Stück zum Braten. Sie ist wunderbar zart und aromatisch, außerdem gut marmoriert und daher sehr saftig. Die Rippen werden vor dem Braten eingekürzt. Aus dem mittleren Teil der Hochrippe wird das beliebte **Rib-Eye-Steak** (ausgelöst) geschnitten. Mit dem Knochen heißt es **Rib-Steak**. Aus dem Übergang zum Roastbeef werden die sogenannten **Club-Steaks** geschnitten. Sie sind etwas fester, aber nicht weniger aromatisch und zart. Steaks aus der Hochrippe bereitet man am besten unmariniert zu.

Rib-Steak

Die mit dem Rippenknochen geschnittenen Steaks bringen fast 1 kg auf die Waage und reichen bequem für zwei Personen. Sie sind sehr schmackhaft und dank der guten Marmorierung wunderbar saftig. Ausgelöste Steaks aus der Hochrippe werden als **Rib-Eye-Steaks** angeboten, so genannt wegen des Fettauges im Kern. Zubereitet werden sie als Einzelportionen von etwa 200–300 g.

Roastbeef

Das Roastbeef, im englischen Schnitt *sirloin* genannt, liegt zwischen Hochrippe und Hüfte (ausgelöst heißt es auch *strip loin*). Es liefert hervorragende Bratenstücke und erstklassige Steaks. Sie werden quer zur Faser 2–2,5 cm dick geschnitten, sind von fester Konsistenz und kräftig im Geschmack. Auch als **Entrecôte** oder **Rumpsteak** (mit einseitigem Fettrand) bekannt, sind sie bestens zum Grillen geeignet. **Minutensteaks** sind sehr dünne Steaks aus dem Roastbeef, die nur ganz kurz gegart werden, damit sie zart und saftig bleiben. Aus dem hinteren Roastbeef wird das **Porterhouse-Steak** geschnitten. Als Einzelportion ist es etwa 4–5 cm dick und 400 g schwer. Mit nur 2–3 Porterhouse-Steaks pro Roastbeef ist die Ausbeute jedoch gering.

Filet und Filetsteak

Das Filet liegt unterhalb des Roastbeefs und der Hüfte. Es ist das zarteste Teilstück und wird oft im Ganzen gebraten und für eine ansprechende Präsentation vor dem Servieren tranchiert. In Blätterteig gebacken, liefert es das berühmte »Filet Wellington«. Auch für Zubereitungen, die sehr mageres Fleisch erfordern, wie Carpaccio oder Steak Tatar, wird gern Filet verwendet. In Scheiben von 150–250 g geschnitten, liefert es zudem wunderbare Steaks, die meist mit ihrem französischen Namen – **»Filet mignon«**, **»Chateaubriand«** – oder auch als **»Tournados«** auf der Karte stehen. Filetsteaks erfordern ein wenig Fingerspitzengefühl, da sie schnell trocken werden. Filets mignons sind kleine, sehr zarte Medaillons von 60–90 g aus dem schmalen Filetende. Medaillons aus dem Mittelstück und dem Filetkopf nennt man Tournedos, die in unterschiedlichen Größen geschnitten werden. Das Chateaubriand ist aus dem Mittelstück des Filets, wird gewöhnlich im Ganzen gegrillt oder gebraten und traditionell mit Sauce béarnaise serviert. Es reicht für zwei Personen.

T-Bone-Steak

Das T-Bone-Steak wird aus dem hinteren flachen Roastbeef geschnitten und ist an dem T-förmigen Knochen mit dem Filet zu erkennen.

Hüftsteak

Steaks aus der Hüfte schmecken sehr aromatisch, können aber ein wenig zäh sein und erfordern daher bei der Zubereitung etwas Umsicht. Als Bratenfleisch ist Hüfte ausgezeichnet geeignet, vor allem der Hüftdeckel (Tafelspitz). Auch für Schmorgerichte ist Hüfte geeignet.

Oberschale

Ein zartes Stück aus der Innenseite der Keule. Wird häufig als ganzer Braten zubereitet, der sorgfältig gegart werden und vor dem Tranchieren eine Weile ruhen muss. Das magere Fleisch wird häufig mit Speck umwickelt, damit es nicht austrocknet. Oberschale ist das klassische Rouladenfleisch. Steaks aus der Oberschale nennt man **Kluftsteaks**.

Kamm und Schaufelstück

Diese Teilstücke stammen aus der Nackenpartie und der Schulter des Rinds. Sie bestehen aus mehreren Muskeln und werden wegen des hohen Bindegewebsanteils nur für langsame Zubereitungen wie Schmoren, Braten und Kochen verwendet.

Neben den klassischen Fleischpartien wie Rücken, Hüfte und Keule liefern auch weniger gängige Teilstücke exzellente Steaks:

Flanke (Dünnung, Bauchlappen)

Ein flaches, grobfaseriges Stück aus der Dünnung unterhalb des Roastbeefs bzw. Filets, mager und aromatisch. Gut zum Marinieren und Grillen geeignet. Zu langes Garen lässt es zäh werden. Auch ideal als Rouladenfleisch. In Frankreich nennt man es *bavette*.

Skirt-Steak (Saumfleisch und Nierenzapfen)

Ein Stück aus dem Zwerchfell, gut durchwachsen und kräftig im Geschmack. Beim Parieren wird es oft in zwei Stücke zerteilt, die ideal zum Schmoren sind, aber auch hervorragende Steaks zum Grillen abgeben. Wichtig ist, dass sie dünn geschnitten und *rare* (blutig) zubereitet werden.

Garmethoden

Das beste Braten- oder Steakfleisch stammt von den Hintervierteln des Rinds, die zartesten Teilstücke liefert die gesamte Rückenpartie. Fleisch von stärker beanspruchten Muskeln wie Vorder- oder Hinterhesse, Schulter und Nacken sind sehniger und grobfaseriger und daher nur zum langsamen Garen in Flüssigkeit wie Schmoren oder Kochen geeignet.

Grillen

Grillen gilt zurecht als schnelle und gesunde Garmethode. Egal ob in einer gerippten, gusseisernen Pfanne, auf einer Grillplatte oder auf dem Holzkohlegrill im Freien, es erfordert zwar ein wenig Übung, dafür verspricht das Ergebnis echten Genuss.

Haushaltsgrillgeräte ohne direkten Kontakt zur Hitzequelle sind für Steaks ungeeignet, da sie in der Regel nicht heiß genug werden. Grillpfannen sollten stark erhitzt werden und Holzkohle muss gut durchglühen, bevor man loslegen kann. Zur Rauchvermeidung reibt man das Fleisch – nicht den Rost – mit etwas Öl ein. Mageres Fleisch verträgt die Hitze besser und schmeckt kräftiger, wenn man es mariniert und beim Grillen wiederholt mit der Marinade bestreicht.

Kleine, zarte Steaks werden möglichst dicht an der Hitzequelle gegart. Je dicker das Fleisch, desto länger braucht es und umso größer sollte der Abstand zur Glut sein. In der ersten Phase wird es rasch gebräunt, damit sich die Poren schließen und das Grillgut saftig bleibt. **Sehr gut zum Grillen geeignet** ist die gesamte Rückenpartie von der Hochrippe über das Roastbeef bis zur Hüfte (Rib-Eye- und Rib-Steak, Club-, Rump- und Hüftsteak, T-Bone- und Porterhouse-Steak) sowie andere feinfaserige Stücke. Skirt- und Flanken müssen gut abgehangen sein und sollten nur *medium rare* (blutig bis rosa) zubereitet werden, damit sie zart bleiben.

Braten und Kurzbraten

Braten ist Garen mit trockener Hitze und nur den besten und zartesten Teilstücken vorbehalten. Die Kunst besteht in der optimalen Balance zwischen würzigem Geschmack und Saftigkeit. Die Garzeit richtet sich nach Gewicht und gewünschtem Gargrad (siehe gegenüberliegende Seite). Große Bratenstücke von erster Qualität wie Roastbeef oder Hüfte sollten bei starker Hitze zubereitet und *medium rare* (rosa bis blutig) oder *medium* (halb durch) serviert werden. In der Struktur etwas festere Teilstücke wie Ober- und Unterschale erfordern lange Garzeiten und profitieren vor allem vom Schmoren.

Der Ofen wird grundsätzlich vorgeheizt. Kleinere Stücke werden gewöhnlich bei hoher Temperatur gegart, während man bei großen Braten zunächst bei starker Hitze beginnt und die Temperatur im weiteren Verlauf reduziert. Am Knochen gegartes Fleisch wird saftiger und aromatischer, ausgelöste Stücke garen dagegen gleichmäßiger und sind leichter zu tranchieren.

Wichtig ist auch die richtige Größe der Bratenpfanne. Ist sie zu groß, verbrennt der Bratensatz, ist sie zu klein, beginnt das Fleisch im eigenen Saft zu kochen.

Beim Kurzbraten werden kleinere Fleischscheiben wie Filet- oder Rib-Steaks in der Pfanne scharf angebraten. Dabei bildet sich eine aromatische Kruste, die Poren schließen sich, sodass der Fleischsaft nicht austreten kann. Anschließend wird das Fleisch im Ofen fertig gegart. **Ideal zum Braten und Kurzbraten** sind alle zarten Teilstücke wie Hochrippe (Hohe Rippe), Roastbeef, Filet und Hüfte. Ober- und Unterschale sehen zwar verlockend aus, sind aber besser zum Schmoren geeignet.

Sautieren & Pfannenrühren

Bei dieser Gartechnik für kleine, sehr zarte Fleischstücke wird das Gargut in der Pfanne rasch in Öl oder Butter gebraten und dabei wie beim Garen im Wok durch Schwenken oder Rühren beständig in Bewegung gehalten. Das Sautieren oder Pfannenrühren wird immer beliebter, erfordert allerdings eine gute Kontrolle der Hitze. Mäßige bis starke Hitze ist gewöhnlich am besten, da das Fleisch dabei gleichmäßig bräunt und aromatische Röststoffe bilden kann. Ist die Hitze zu gering, beginnt es im eigenen Saft zu kochen, ist sie zu stark, verbrennen die äußeren Schichten, bevor es innen gar ist.

Zum Sautieren verwendet man am besten eine Pfannen mit schwerem Boden. In Profi-Küchen sind gusseiserne Pfannen gebräuchlich, allerdings greifen Köche zunehmend auch zu beschichteten Pfannen, in denen sich aus dem Bratensaft schmackhafte Saucen zubereiten lassen.

Wichtig ist wieder die Größe der Pfanne. Das Fleisch sollte darin in einer Schicht Platz haben. Liegt es übereinander, zieht es Flüssigkeit und beginnt zu kochen. Bei größeren Mengen empfiehlt es sich, portionsweise vorzugehen. Achten Sie darauf, die Pfanne vor jedem Durchgang wieder gut zu erhitzen.

Zum Sautieren geeignet sind alle zarten Teilstücke wie Filet, Roastbeef, Hüfte oder Rib-Eye.

Schmoren

Schmoren ist Garen in feuchter Hitze und ideal für festere und sehnigere Fleischstücke, die zwar viel Geschmack mitbringen, aber lange Garzeiten bei niedrigen Temperaturen benötigen.

In der Regel wird das Fleisch zuerst rundherum scharf angebraten; das dient der Farbgebung und der Bildung von Röststoffen. Anschließend gart man es in einem kräftig abgeschmeckten Sud. Die Garzeit richtet sich nach der Fleischqualität.

Das Schmoren geschieht meist im Ofen, lässt sich jedoch auch auf dem Herd erledigen, solange man behutsam vorgeht. Viele Schmorgerichte schmecken am nächsten Tag, wenn sie gut durchgezogen sind, noch besser. Häufig wird das Fleisch zuvor in Wein mit verschiedenen Gewürzen mariniert, was es besonders aromatisch und zart macht. Ein schwerer, gusseiserner Schmortopf mit fest schließendem Deckel, der die Hitze gut leitet und verteilt, ist eine wirklich lohnende Investition.

Gute Teilstücke zum Schmoren sind Ober- und Unterschale, Hüftdeckel, Nacken, Teile der Schulter, Dünnung und Beinfleisch.

Von blutig bis durch – wie hätten Sie's denn gern?

Punktgenaues Garen bei Steaks kann so manchen Hobbykoch aus der Ruhe bringen, dabei ist es im Prinzip ganz einfach. Man muss nur erkennen, wann der gewünschte Gargrad erreicht ist.

Unterschiedliche Teilstücke garen unterschiedlich lange, außerdem müssen natürlich die Dicke und der Fettgehalt berücksichtigt werden. Nicht zuletzt sollte man auch die Heizeigenschaften des Ofens oder Grills kennen, denn die können von Gerät zu Gerät abweichen.

Hier sind einige Richtwerte zur Orientierung:

Braten im Ofen (bei 190 °C) am Knochen

Rare (blutig) 20 Minuten je 450 g (plus 20 Minuten) 60 °C*
Medium (halb durch) 25 Minuten je 450 g (plus 25 Minuten) 70 °C*
Well done (durch) 30 Minuten je 450 g (plus 30 Minuten) 82 °C*
**Innentemperatur des Fleisches nach dem Ruhen*

- Bei ausgelöstem Fleisch verringert sich die Garzeit um 5 Minuten je 450 g (plus noch einmal 5 Minuten weniger)
- Vor dem Servieren sollte der Braten 10–15 Minuten ruhen

Grillen

Die Garzeit richtet sich nach der Hitze des Grills, dem Abstand des Grillguts zur Hitzequelle, der Art der Pfanne und natürlich nach der Dicke der Fleischstücke.

Die Tabelle unten bezieht sich auf ein 2,5 cm dickes Steak, das zunächst von beiden Seiten scharf »angegrillt« und dann bei starker Hitze je nach gewünschtem Gargrad fertig gestellt wird.

Fleisch muss ruhen

Das Ruhen des Fleisches (mit Alufolie bedeckt an einem warmen Ort) ist genauso wichtig wie die Zubereitung selbst. Beim Garen dringt die Hitze in das Fleisch ein und zieht den Saft aus dem Kern an die Oberfläche. Während des Ruhens kommt der Garprozess allmählich zum Stillstand, die kontraktierten Fleischfasern »entspannen« sich und der Fleischsaft kann sich wieder gleichmäßig im gesamten Stück verteilen. Das Ergebnis: Das Fleisch ist saftiger und aromatischer.

Es dauert fast genauso lange, ein blutig gebratenes Steak auf den Tisch zu bringen wie ein durchgegartes. Zwar ist ein blutiges Steak viel schneller fertig, dafür ist die Ruhephase umso länger.

Ein paar wichtige Ge- und Verbote im Umgang mit Steaks

- Das Fleisch erst unmittelbar vor oder nach dem Garen würzen. Zu frühes Salzen entzieht dem Fleisch Wasser. Die Folge: Das Steak wird trocken.
- Mariniertes Fleisch vor dem Grillen sorgfältig trocken tupfen.
- Steaks nie im gefrorenen Zustand garen. Das Fleisch vollständig auftauen und auf Raumtemperatur erwärmen lassen.
- Steaks zur Garprobe nicht anschneiden, sonst läuft kostbarer Saft aus.
- Aus dem gleichen Grund das Fleisch mit einer Küchenzange wenden, nicht mit der Gabel einstechen.
- Im Zweifel das Fleisch lieber zu kurz als zu lange garen.

Gargrad	Garzeit	Kerntemperatur	Ruhezeit vor dem Servieren
Blue (stark blutig) Innen fast roh, aber warm	1–2 Minuten je Seite	49–52 °C	9 Minuten
Rare (blutig) Roter Kern, reichlich dunkelroter Fleischsaft	2–3 Minuten je Seite	58–60 °C	8 Minuten
Medium rare (rosa bis blutig) Wie »rare«, jedoch etwas heller im Kern und weniger Fleischsaft	3–4 Minuten je Seite	60–63 °C	7 Minuten
Medium (rosa, halb durch) Rosa Kern, heller Fleischsaft	4–5 Minuten je Seite	65–68 °C	6 Minuten
Medium well (halb durch bis durch) Hellrosa im Kern, fast klarer Fleischsaft	5–6 Minuten je Seite	65–70 °C	5 Minuten
Well done (durch) Bräunlicher Kern, klarer Fleischsaft	6–7 Minuten je Seite	70–77°C	4 Minuten
Very well done (sehr durch) Graubrauner Kern, kaum noch Fleischsaft	7–8 Minuten je Seite	80–82°C	3 Minuten

Das ultimative Steak mit Pommes frites

VOM GRILL

Das ultimative Steak mit Pommes frites

Ein Steak vom Grill ist wohl die beliebteste Art, ein saftiges Stück Fleisch zu genießen. Ob Sie zartes Filet nehmen, Rump-, Rib-Eye- oder T-Bone-Steak, überlasse ich ganz Ihnen. Worauf es beim Grillen ankommt, lesen Sie auf Seite 9. Dazu serviere ich Grilltomaten, geröstete Champignons und knusprige Pommes frites. Meine Lieblingssauce ist die Béarnaise, aber eine aromatische Würzbutter passt ebenso.

FÜR 4 PERSONEN

4 große Champignons, geputzt
Ein wenig Olivenöl
1 Knoblauchzehe, in feine Scheiben geschnitten
1 Zweig Thymian
4 Tomaten, halbiert
4 Steaks (Rumpsteak, Rib-Eye-, Hüft-, Filet-, T-Bone-, Porterhouse-Steak oder Flanke)
100 g Brunnenkresse (nach Belieben)
Ihre Lieblingssauce, Béarnaise oder eine gewürzte Buttermischung (siehe Seite 133f.)

FÜR DIE POMMES FRITES

1,2 kg mehlige Kartoffeln, geschält
Sonnenblumenöl zum Frittieren
Grobes Meersalz

1 Die Champignons in einer kleinen Schüssel mit dem Olivenöl, dem Knoblauch und dem Thymian vermengen und 1 Stunde marinieren.

2 Für die Pommes frites die geschälten Kartoffeln in gleichmäßige Stäbchen von 1 x 7,5 cm Größe schneiden und bis zur Verwendung in kaltes Wasser legen. Vor dem Frittieren abgießen und mit einem sauberen Küchentuch sorgfältig trocken tupfen.

3 Das Sonnenblumenöl in der Fritteuse oder einem geeigneten Topf auf 160 °C erhitzen. Die Kartoffelstäbchen hineingeben und 4–6 Minuten vorfrittieren, ohne Farbe zu nehmen. Wieder herausheben und auf Küchenpapier abtropfen lassen. Die Temperatur des Öls auf 190 °C erhöhen und die Pommes frites goldbraun und knusprig backen. Auf Küchenpapier abtropfen lassen.

4 Die Champignons und die Tomaten, die sich als Beilage eignen, in der Pfanne oder unter dem Grill rösten. Die Steaks je nach gewünschtem Gargrad grillen, auf Tellern anrichten und mit den Pilzen, den Grilltomaten und nach Belieben mit der Brunnenkresse garnieren. Die Pommes frites mit grobem Meersalz bestreuen und getrennt mit der Sauce Ihrer Wahl zu den Steaks servieren.

Filetsteak »Niçoise« mit Oliven-Béarnaise

Sauce béarnaise ist ungemein vielseitig. Hier verleihen ihr schwarze Oliven einen Hauch von Provence – ein echter Gaumenschmaus und dazu noch gesund.

FÜR 4 PERSONEN

4 EL Olivenöl
1 Knoblauchzehe, in Scheiben geschnitten
1 Zweig frischer Thymian, plus Thymian zum Garnieren
6 frische Basilikumblätter
4 Filetsteaks, je 180 g
2 Zucchini, in 3 mm dicke Scheiben geschnitten
1 Aubergine, in 5 mm dicke Scheiben geschnitten
1 rote Paprikaschote, enthäutet, halbiert, von den Samen befreit, in Streifen geschnitten
2 Tomaten, enthäutet, halbiert, entkernt
2 EL Balsamico-Essig

FÜR DIE OLIVEN-BÉARNAISE

1 EL gehackte schwarze Oliven
150 ml Sauce béarnaise (siehe Seite 133)
Salz und frisch gemahlener schwarzer Pfeffer

1 In einer Schüssel das Olivenöl, den Knoblauch und die Kräuter vermengen. Die Filetsteaks gründlich in der Mischung wenden, die Schüssel mit Frischhaltefolie abdecken und die Steaks bei Raumtemperatur 4 Stunden marinieren.

2 Das Fleisch aus der Marinade nehmen, das Gemüse und die Tomaten hineinlegen und ebenfalls 2 Stunden marinieren.

3 Eine Grillpfanne heiß werden lassen. Etwas Marinade hineingeben, das Gemüse und die Tomaten einlegen und rundherum goldbraun grillen (eventuell portionsweise vorgehen). In einer zweiten Grillpfanne das Fleisch je nach gewünschtem Gargrad grillen.

4 Die gehackten Oliven unter die fertige Béarnaise rühren; die Sauce abschmecken.

5 Das gegrillte Gemüse auf Tellern anrichten und mit dem Balsamico-Essig beträufeln. Die Filetsteaks daraufsetzen und mit einem Klecks Oliven-Béarnaise garnieren (oder die Sauce getrennt dazu reichen). Mit Thymianzweigen garnieren und servieren.

Filetsteak »Niçoise« mit Oliven-Béarnaise

Steak Teriyaki mit gegrillten Bohnen, Schalotten und Chilisauce

Wenn Sie mal Lust auf etwas anderes haben, das aber nicht so aufwendig ist, liegen Sie bei diesem japanisch angehauchten Steak genau richtig.

FÜR 4 PERSONEN

8 Filets mignons oder Skirt-Steaks, je 90 g
400 g grüne Bohnen, geputzt
6 längliche Schalotten, geschält, in dicke Ringe geschnitten
2 EL Olivenöl
8 Frühlingszwiebeln, gehackt
1 EL frische Korianderblätter
2 EL scharfe Chilisauce
Salz und frisch gemahlener schwarzer Pfeffer

FÜR DIE MARINADE

6 EL dunkle Sojasauce
2 TL Zucker
2 EL Sake oder trockener Sherry
2 Knoblauchzehen, zerdrückt
5 cm frischer Ingwer, geschält, fein gerieben

1 Für die Marinade die Sojasauce, den Zucker, den Sake oder Sherry, den Knoblauch und den Ingwer in einer großen Schüssel verrühren. Die Steaks einlegen, 2–3 Stunden bei Raumtemperatur marinieren und wieder herausnehmen. Die Marinade beiseitestellen.
2 Die grünen Bohnen in gesalzenem Wasser 8–10 Minuten kochen, kalt abschrecken und abtropfen lassen.
3 Einen Grill vorheizen oder eine Grillpfanne sehr heiß werden lassen. Die Steaks bei starker Hitze grillen, bis sie goldbraun sind und den gewünschten Gargrad erreicht haben. Vom Grill oder aus der Pfanne nehmen und warm stellen.
4 In einer Schüssel die Bohnen, die Schalotten und das Olivenöl gründlich vermengen und auf dem Grill oder in der Grillpfanne rundherum bräunen. Das gegrillte Gemüse mit den Frühlingszwiebeln, den Korianderblättern und der Chilisauce in eine Schüssel geben, kurz durchheben und mit Salz und Pfeffer abschmecken.
5 Die Marinade in einem Topf aufkochen. Die Gemüsemischung auf vier Tellern anrichten, jeweils 2 Teriyaki-Steaks daraufsetzen, mit der Marinade beträufeln und servieren.

Rumpsteak vom Grill mit Thymiankartoffeln und Sardellen-Kapern-Dressing

Dies ist eines der beliebtesten Gerichte aus meinem Steak-Repertoire. Die Sardellen und Kapern geben den saftigen Steaks einen reizvollen säuerlichen Akzent. Gegrillter grüner Spargel oder Radicchio sind die ideale Beilage.

FÜR 4 PERSONEN

450 g festkochende neue Kartoffeln, gründlich abgebürstet
Salz und frisch gemahlener schwarzer Pfeffer
2 EL Olivenöl, plus Öl zum Bestreichen
1 TL frische Thymianblättchen
4 Rumpsteaks, je 200 g, überschüssiges Fett entfernt

FÜR DAS DRESSING

½ TL Dijon-Senf
1 Knoblauchzehe, zerdrückt
1 EL Weißweinessig
4 EL Olivenöl
1 Schalotte, geschält, fein gewürfelt
2 EL sehr kleine Kapern, abgespült, trocken getupft
2 Sardellenfilets, abgespült, trocken getupft, gehackt
1 hart gekochtes Ei, gehackt
½ rote Paprikaschote, von den Samen befreit, in 5 mm große Würfel geschnitten

1 Die Kartoffeln in kochendem Salzwasser bissfest garen. Abgießen und der Länge nach halbieren. In eine Schüssel geben, mit dem Olivenöl und den Thymianblättern vermengen und mit etwas Salz und Pfeffer würzen.

2 Für das Dressing den Senf, den Knoblauch und den Weißweinessig in einer Schüssel verrühren; anschließend das Öl untermengen. Die restlichen Zutaten zugeben, gut durchrühren und abschmecken. Beiseitestellen.

3 Eine gerippte Grillpfanne sehr heiß werden lassen und die Kartoffelhälften in 10–12 Minuten von allen Seiten goldbraun grillen (noch besser gelingen die Kartoffeln auf dem Holzkohlegrill). Warm stellen.

4 Die Grillpfanne gründlich auswischen. Die Steaks mit etwas Öl einpinseln, mit Salz und Pfeffer würzen und bis zum gewünschten Gargrad grillen (5–6 Minuten von jeder Seite für *medium rare*).

5 Das vorbereitete Dressing auf kleiner Stufe langsam erhitzen. Die gegrillten Thymiankartoffeln auf vier Tellern verteilen, die Steaks quer zur Faser in vier dicke Scheiben schneiden und neben den Kartoffeln anrichten. Das warme Dressing über das Fleisch geben und servieren.

»Carpet-Bag-Steak«

Erst kürzlich erfuhr ich von einem australischen Freund und Kollegen, dass das »Carpet-Bag-Steak« – ein mit Austern gefülltes Steak – ursprünglich aus Australien stammt, nicht aus Amerika, wie ich immer dachte. Wer weiß, vielleicht stand es ja sogar Pate bei den berühmten *Surf'n turf*-Gerichten (Fleisch mit Meeresfrüchten). Es ist ein ganz einfaches Rezept. Alles, was man dazu braucht, sind ein paar Steaks und frische Austern von Top-Qualität.

FÜR 4 PERSONEN

4 Steaks, je 180 g (Filet-, Hüft- oder Rumpsteak)
12 mittelgroße Felsenaustern
Salz und frisch gemahlener schwarzer Pfeffer
25 g weiche Butter
Saft von 2 Zitronen
2 EL Worcestersauce
2 EL gehackte glatte Petersilie

1 Mit einem scharfen Messer die Steaks seitlich so einschneiden, dass eine Tasche entsteht.

2 Die Austern öffnen, die Flüssigkeit in einer Schüssel auffangen und beiseitestellen. Das Austernfleisch würzen und in jede Steaktasche 3 Austern stecken. Die Öffnungen mit kleinen Holzspießchen verschließen.

3 Eine Grillpfanne sehr heiß werden lassen oder einen Grill vorheizen. Die Steaks außen mit Salz und Pfeffer würzen und auf den gewünschten Gargrad grillen.

4 Den Austernsaft mit der Butter, dem Zitronensaft, der Worcestersauce und der Petersilie verrühren. Die Sauce über die gegrillten Steaks ziehen und servieren. Für eine fernöstliche Variante rühren Sie zusätzlich 2 Esslöffel Austernsauce unter, bevor Sie die Sauce über das Fleisch gießen – schmeckt auch sehr gut.

Rumpsteak vom Grill mit
Thymiankartoffeln und
Sardellen-Kapern-Dressing

Texas-Porterhouse-Steak mit Chili-Salsa und Zwiebelringen

Porterhouse-Steak ist ein echter Star unter den Steaks. Das Marinieren macht das Fleisch noch mürber und den Geschmack noch voller und runder. Die Zwiebelringe werden mit der gleichen Gewürzmischung zubereitet.

FÜR 4 PERSONEN

2 TL edelsüßes Paprikapulver
½ TL Chilipulver
2 TL gemahlene Koriandersamen
1 TL Salz
1 TL Zucker
½ TL zerstoßener schwarzer Pfeffer
½ TL Senfpulver
4 Porterhouse-Steaks, je 350 g (oder andere Steaks Ihrer Wahl)
4 EL Olivenöl
150 ml scharfe Chili-Salsa (siehe Seite 142)

FÜR DIE ZWIEBELRINGE

Pflanzenöl zum Frittieren
2 EL Mehl
2 Zwiebeln, geschält, in feine Ringe geschnitten

1 Sämtliche Gewürze in einer Schüssel gründlich vermengen, 1 Esslöffel der Mischung für die Zwiebeln abnehmen und beiseitestellen.
2 Die Steaks mit einem Fleischklopfer plattieren, in die Gewürze legen, das Öl zugießen und die Mischung sorgfältig in das Fleisch einreiben. Mit Frischhaltefolie abdecken und über Nacht in den Kühlschrank stellen. Die Steaks vor dem Grillen Raumtemperatur annehmen lassen.
3 Eine Grillpfanne sehr heiß werden lassen. Die Steaks aus der Marinade nehmen und bis zum gewünschten Gargrad grillen.
4 Inzwischen das Pflanzenöl in einer Fritteuse oder in einem großen Topf auf 180 °C erhitzen.
5 Das Mehl mit der zurückgelegten Gewürzmischung vermengen. Die Zwiebelringe darin wenden, vorsichtig in das heiße Öl gleiten lassen und in 3–4 Minuten goldbraun backen. Mit einem Schaumlöffel herausheben und auf Küchenpapier abtropfen lassen.
6 Die Steaks auf Tellern oder Steakbrettern anrichten, mit der Chili-Salsa und den frittierten Zwiebelringen garnieren und servieren. Sie können die Salsa auch separat dazu reichen.

Porterhouse-Steak vom Grill mit Petersiliensauce

Diese würzige Petersiliensauce stammt aus Argentinien und heißt *chimichurri*. Sie schmeckt auch hervorragend auf ein dickes Steak-Sandwich gestrichen. Wer auf kräftige Aromen steht, besonders Knoblauch, liegt bei diesem Steak goldrichtig!

FÜR 4 PERSONEN

4 Porterhouse- oder T-Bone-Steaks, je 475 g
2 EL Olivenöl
Salz und frisch gemahlener schwarzer Pfeffer

FÜR DIE SAUCE

1 kleines Bund glatte Petersilie
4 große Knoblauchzehen, zerdrückt
100 ml Olivenöl
4 EL Weißweinessig
1 EL frische Oreganoblätter
½ TL zerstoßene rote Chiliflocken

FÜR DAS RELISH

75 g Rohrzucker
175 g in Öl eingelegte getrocknete Tomaten
1 Zwiebel, geschält, fein gewürfelt
4 EL Balsamico-Essig
1 TL Tomatenmark
1 TL Senfpulver
1 TL gemahlener Kreuzkümmel

1 Für das Relish den Zucker mit 120 ml Wasser bei schwacher Hitze langsam zum Kochen bringen, bis sich der Zucker vollständig aufgelöst hat. Die Tomaten hacken und zusammen mit der Zwiebel, dem Essig, dem Tomatenmark und dem Senfpulver einrühren und 25 Minuten behutsam köcheln lassen, bis die Mischung eindickt. Mit Salz, Pfeffer und dem Kreuzkümmel abschmecken und abkühlen lassen.
2 Für die Petersiliensauce die Petersilienblätter abzupfen; die Stängel wegwerfen. Die Blätter und den Knoblauch im Mixer grob zerkleinern. Bei laufendem Gerät durch die Deckelzuführung das Olivenöl, den Weißweinessig und 3 Esslöffel Wasser zugießen und alles zu einer homogenen Mischung verarbeiten.
3 Zuletzt den Oregano, die Chiliflocken sowie etwas Salz und Pfeffer zugeben und noch einmal kurz durchmixen.
4 Einen Grill vorheizen oder eine Grillpfanne sehr heiß werden lassen. Die Steaks rundherum mit Olivenöl einreiben und mit Salz und Pfeffer würzen. Bis zum gewünschten Gargrad grillen, auf Tellern anrichten und mit dem Tomaten-Relish garnieren. Die Petersiliensauce über das Fleisch ziehen und servieren.

Texas-Porterhouse-
Steak mit Chili-Salsa
und Zwiebelringen

Über Holzfeuer gegrilltes T-Bone-Steak auf florentinische Art

Über Holzfeuer gegrillte Steaks schmecken ganz besonders gut, da das Holz dem Fleisch ein wunderbares Raucharoma verleiht. In Italien ist die klassische Wahl dafür ein T-Bone-Steak, das mit einem kräftigen Kräuter-Knoblauchöl bestrichen wird. Jedes andere Steak lässt sich auf die gleiche Weise zubereiten, und das Holz können Sie auch durch Holzkohle ersetzen.

FÜR 4 PERSONEN
4 T-Bone-Steaks, je 475 g
Salz und frisch gemahlener schwarzer Pfeffer

FÜR DAS KNOBLAUCHÖL
40 g frische Rosmarinblätter
40 g frisches Basilikum
125 ml bestes Olivenöl
3 Knoblauchzehen, zerdrückt

1. Einen Grill mit einer Mischung aus Holzkohle und Feuerholz vorheizen, bis die Flammen erloschen sind und das Brenngut gut durchgeglüht ist.
2. Für das Knoblauchöl die Kräuter, das Öl und den Knoblauch im Mixer grob pürieren.
3. Die Steaks kräftig mit Salz und Pfeffer würzen, auf den Grillrost legen und bis zum gewünschten Gargrad grillen. Dabei regelmäßig mit dem Kräuter-Knoblauchöl bestreichen.
4. Das Fleisch vor dem Servieren mit eventuell verbliebenem Öl beträufeln. Ich serviere zu diesen Steaks am liebsten gegrillte neue Kartoffeln oder Paprikaschoten.

T-Bone-Steak mit Sauerrahm-Wasabi-Dip

Ein schnelles und einfaches Gericht. Wasabi-Paste (japanischer Meerrettich) und Mirin (süßer Reiswein) finden Sie im Asia-Laden.

FÜR 4 PERSONEN

4 T-Bone-Steaks, je 450–550 g und etwa 2 cm dick
3 EL helle Sojasauce
2 EL Olivenöl
2 EL gehacktes Koriandergrün
2,5 cm frischer Ingwer, geschält, fein gerieben
1 EL brauner Zucker
1 EL Mirin oder trockener Sherry

1 Die Steaks in eine große Schüssel legen. Die Sojasauce, das Olivenöl, das Koriandergrün, den Ingwer, den Zucker und den Mirin oder Sherry verrühren und die Mischung über das Fleisch gießen. Die Steaks mit Frischhaltefolie abgedeckt bei Raumtemperatur 1 Stunde marinieren, gelegentlich wenden.

2 Für den Dip (siehe unten) sämtliche Zutaten in einer Schüssel gründlich verrühren und bis zur Verwendung kalt stellen. Ein wenig von den gehackten Frühlingszwiebeln für Garniturzwecke zurücklegen.

3 Die Steaks in üblicher Weise bis zum gewünschten Gargrad grillen. Den Wasabi-Dip mit den Frühlingszwiebeln bestreuen und zu den Steaks servieren.

FÜR DEN DIP

150 g Sauerrahm
½ TL Wasabi
3 Frühlingszwiebeln, fein gehackt

FÜR DIE TAPENADE
25 grüne Oliven, entsteint
30 g sehr kleine Kapern, abgespült
2 Knoblauchzehen, zerdrückt
3 EL Olivenöl
100 g in Öl eingelegte getrocknete Tomaten
1 EL Zitronensaft
1 TL frische Rosmarinblätter
Salz und frisch gemahlener schwarzer Pfeffer

T-Bone-Steak mit Rosmarin und Tomaten-Tapenade

Diese Tapenade schmeckt auch hervorragend als würziger Dip zu Käsestangen oder auf Brot gestrichen und mit Olivenöl beträufelt.

FÜR 4 PERSONEN

4 T-Bone-Steaks, je 350 g und etwa 2 cm dick
2 Zweige frischer Rosmarin
2 EL Olivenöl

1 Die Steaks mit einem kleinen Messer mehrmals einschneiden. Den Rosmarin abzupfen und die Blätter in kleinen Sträußen in die Einschnitte stecken. Das Fleisch in einer Schale mit dem Olivenöl beträufeln und mit Frischhaltefolie abgedeckt bei Raumtemperatur 2 Stunden marinieren.

2 Inzwischen die Tapenade zubereiten (siehe linke Seite): Die Oliven, die Kapern, den Knoblauch und das Olivenöl im Mixer zu einer groben Paste verarbeiten. Die Tomaten mit ihrem Öl sowie den Zitronensaft und die Rosmarinblätter zugeben und erneut mixen. Abschmecken.

3 Die T-Bone-Steaks in üblicher Weise bis zum gewünschten Gargrad grillen, mit der Tapenade garnieren und servieren (oder die Tapenade getrennt als Dip reichen). Dazu passen Ofenkartoffeln mit Sauerrahm.

Steak auf Toast mit gegrillten Austern im Speckmantel

Die braune HP-Würzsauce, ein Klassiker in England, wirkt bei dieser Barbecue-Sauce wahre Wunder. Ich bin ein großer Fan von Ketchups und fertigen Würzsaucen – solange sie von Top-Qualität sind.

FÜR 4 PERSONEN

2 EL Sonnenblumenöl
1 Zwiebel, geschält, in feine Ringe geschnitten
1 EL frisch gehacktes Koriandergrün
Salz und frisch gemahlener schwarzer Pfeffer
4 Filet- oder Hüftsteaks, je 175 g
8 Austern, ausgelöst
8 dünne Scheiben durchwachsener Frühstücksspeck oder Pancetta
4 dicke Scheiben gutes Weißbrot
2 große Tomaten, in je 4 Scheiben geschnitten

1 Für die Barbecue-Sauce das Öl in einer Pfanne erhitzen. Den Knoblauch und die Zwiebel darin in 2–3 Minuten glasig schwitzen, die restlichen Zutaten zugeben, langsam zum Kochen bringen und 10 Minuten unter gelegentlichem Rühren sanft garen. Die Sauce warm stellen.

2 In einer Bratpfanne 1 Esslöffel Sonnenblumenöl erhitzen und die Zwiebel darin in 5–6 Minuten goldgelb schwitzen. Das Koriandergrün zugeben, mit Salz und Pfeffer würzen und warm stellen.

3 Eine Grillpfanne sehr heiß werden lassen, die Steaks salzen und pfeffern. Die Austern mit je 1 Scheibe Speck umwickeln und mit einem kleinen Holzspieß fixieren. Die Steaks und den Speckmantel der Austern mit Öl bestreichen. Die Steaks nach gewünschtem Gargrad, die Austern lediglich 2–3 Minuten grillen, bis der Speck schön gebräunt ist.

4 Die Weißbrotscheiben rösten, mit den Korianderzwiebeln belegen und mit je 2 Tomatenscheiben bedecken.

5 Auf jede Brotscheibe 1 Steak legen, mit 2 gegrillten Austern im Speckmantel garnieren und mit der Barbecue-Sauce sofort servieren.

FÜR DIE BARBECUE-SAUCE

1 EL Olivenöl
2 Knoblauchzehen, zerdrückt
1 Zwiebel, geschält, fein gewürfelt
100 ml HP-Sauce (zu beziehen über den Internet-Versandhandel)
1 EL brauner Zucker
1 TL Dijon-Senf
½ TL rote Chiliflocken
Salz und 1 Prise Cayennepfeffer

Steak-Sandwich mit Tomaten-Relish »Virgin Mary«

Ein rustikales Steak-Sandwich, bei dem selbst der verwöhnteste Gaumen schwach wird. Der würzig-scharfe Joghurt-Mix lässt das Fleisch butterweich werden. Wenn Sie kein geräuchertes Paprikapulver bekommen, nehmen Sie stattdessen edelsüßes.

FÜR 4 PERSONEN

100 g Joghurt
1 großzügige Prise Zucker
1 Knoblauchzehe, zerdrückt
1 TL Tomatenmark
1 TL Paprikapulver
1 TL gemahlener Kreuzkümmel
4 Hüftsteaks je 150 g, überschüssiges Fett entfernt
Olivenöl
Salz und frisch gemahlener schwarzer Pfeffer

FÜR DAS RELISH

150 g Tomaten, enthäutet, entkernt, fein gewürfelt
2 EL Sahnemeerrettich
1 EL gehacktes Koriandergrün
1 TL Hot Pepper Sauce (gibt es im gut sortierten Supermarkt)
½ TL Worcestersauce

ZUM SERVIEREN

4 Ciabatta-Brötchen, längs halbiert
1 kleine rote Zwiebel, geschält, in feine Ringe geschnitten
¼ Gurke, in dünne Scheiben geschnitten
50 g Brunnenkresse

1 In einer Schüssel den Joghurt mit dem Zucker, Knoblauch, Tomatenmark, Paprikapulver und Kreuzkümmel verrühren. Die Steaks gründlich in der Mischung wenden und 1 Stunde bei Raumtemperatur marinieren.

2 Sämtliche Zutaten für das Relish in einer Schüssel verrühren und abschmecken.

3 Eine Grill- oder Bratpfanne sehr heiß werden lassen. Die Steaks aus der Marinade nehmen, überschüssige Flüssigkeit abtupfen. Das Fleisch leicht mit Öl einreiben, kräftig mit Salz und Pfeffer würzen und bis zum gewünschten Gargrad grillen.

4 Inzwischen die Ciabatta-Brötchen rösten und jeweils die untere Hälfte mit den Zwiebelringen, den Gurkenscheiben und der Brunnenkresse belegen. Die Steaks daraufsetzen und mit einem großzügigen Klecks Relish garnieren.

5 Die obere Ciabatta-Hälfte auflegen und sanft andrücken. Nach Belieben quer in zwei Hälften schneiden und mit etwas Extra-Relish am Rand garnieren. Dazu passen knusprige Pommes frites.

Mexikanisches Rib-Eye-Steak vom Grill

Adobo ist eine scharfe mexikanische Marinade aus getrockneten Chilis, verschiedenen Gewürzen und Essig – eine geballte Ladung Geschmack. Wer es gern feurig mag, wird von diesem Rezept begeistert sein. »En adobado« bedeutet, dass das Fleisch vor dem Grillen oder Braten mit einer dicken Schicht Marinade umhüllt wird. Ich serviere dazu gern die süßlich-erfrischende Blutorangen-Avocado-Salsa von Seite 142. Am besten schmecken diese Steaks auf einem richtigen Grillrost zubereitet.

FÜR 4 PERSONEN

½ TL Dijon-Senf
Salz und frisch gemahlener schwarzer Pfeffer
4 Rib-Eye-Steaks, je 275 g
2 getrocknete rote Chilischoten, vorzugsweise Ancho-Chilis
2 Knoblauchzehen, zerdrückt
1 Zwiebel, geschält, fein gewürfelt
¼ TL gemahlener Kreuzkümmel
¼ TL getrockneter Oregano
25 g Butter
1 EL Tomatenmark
1 TL Rotwein- oder Balsamico-Essig
Blutorangen-Avocado-Salsa (siehe Seite 142)

1 In einer Schüssel den Senf mit 1 Teelöffel Salz und ½ Teelöffel Pfeffer verrühren. Die Steaks rundherum damit einreiben, in die Schüssel legen und 30 Minuten ziehen lassen.
2 Eine Pfanne mit schwerem Boden erhitzen. Die getrockneten Chilis darin 2–3 Minuten rösten, dabei ständig in Bewegung halten. In eine Schüssel geben, mit etwas kochendem Wasser übergießen und 15 Minuten einweichen. Anschließend abtropfen lassen.
3 Die Chilis in der Küchenmaschine mit 125 ml Wasser pürieren. Den Knoblauch, die Zwiebel, den Kreuzkümmel und den Oregano zugeben und zu einer Paste verarbeiten. Beiseitestellen.
4 Die Butter in einer kleinen Pfanne zerlassen, die Chilipaste hineingeben und bei starker Hitze unter ständigem Rühren 3–4 Minuten garen.
5 Tomatenmark zufügen und weitere 2 Minuten garen. Essig zugießen und die Sauce bei schwacher Hitze in etwa 20 Minuten eindicken lassen. Steaks mit der Sauce bedecken und 1 Stunde marinieren.
6 Einen Grill vorheizen oder eine Grillpfanne sehr heiß werden lassen. Die dick mit der Marinade umhüllten Steaks auf den Rost oder in die Pfanne legen und je nach gewünschtem Gargrad grillen. Regelmäßig wenden. Die Steaks ganz oder in Scheiben geschnitten anrichten und mit der Blutorangen-Avocado-Salsa servieren.

Rib-Eye-Steak mit Camembert und Schneckenbutter

Dieses Gericht habe ich das erste Mal bei einem Kochwettbewerb zubereitet, zu einer Zeit, als ein junger Kollege und ich kaum einen dieser Wettbewerbe im In- oder Ausland ausließen. Und siehe da, ich gewann damit die Käse-Konkurrenz. Hier ist das Rezept, aus purer Nostalgie und natürlich, weil es eine brillante Idee war, auf die ich sehr stolz bin!

FÜR 4 PERSONEN

4 Rib-Eye- oder Hüftsteaks, je 200 g und etwa 5 cm dick
1 EL Olivenöl
Salz und frisch gemahlener schwarzer Pfeffer
4 mittelgroße Stücke Camembert, raumtemperiert

FÜR DIE SAUCE

30 g Butter
1 Knoblauchzehe, zerdrückt
75 g Schnecken aus der Dose, abgetropft
50 g Parmaschinken, fein gehackt
2 Schalotten, geschält, fein gewürfelt
2 EL trockener Weißwein
150 ml kräftiger Rinderfond (siehe Seite 141)
1 EL gehackte glatte Petersilie

1 Den Ofen auf 150 °C vorheizen. Einen Grill vorheizen oder eine Grillpfanne sehr heiß werden lassen. Die Steaks mit dem Olivenöl einreiben und kräftig salzen und pfeffern.
2 Die Steaks grillen, bis sie rundherum schön gebräunt sind und den gewünschten Gargrad haben. Jedes Steak mit 1 Camembertecke belegen und im Ofen warm stellen.
3 Für die Sauce die Hälfte der Butter in einer Pfanne aufschäumen und den Knoblauch darin 2–3 Minuten anschwitzen. Die Temperatur erhöhen, die Schnecken, den Parmaschinken und die Schalotten zugeben und 1 Minute sautieren. Den Wein zugießen und 1 weitere Minute garen. Mit dem Fond auffüllen und die Sauce auf die Hälfte einkochen lassen. Zuletzt die restliche Butter unterschlagen, die Petersilie unterrühren und abschmecken.
4 Die mit dem Käse belegten Steaks auf Tellern anrichten, mit der Schneckenbutter überziehen und servieren.

Rib-Eye-Steak vom Grill mit Salsa verde und Bulgur-*panzanella*

Die Salsa verde ist reichlich bemessen; sie hält sich zugedeckt im Kühlschrank 2–3 Tage und schmeckt auch gut zu Pasta und Grillhähnchen. Bei der *panzanella*, einem toskanischen Brotsalat, habe ich das Brot durch eingeweichten Bulgur ersetzt.

FÜR 4 PERSONEN
4 Rib-Eye-Steaks, je 180 g
2 EL Olivenöl
Salz und frisch gemahlener schwarzer Pfeffer

FÜR DIE SALSA VERDE
40 g Dijon-Senf
100 ml Olivenöl
50 g frisches Basilikum
25 g junge Spinatblätter, Blattrippen entfernt
20 g sehr kleine Kapern
2 Sardellenfilets, abgespült
2 Knoblauchzehen, zerdrückt

1. Für die Salsa den Senf in einer kleinen Schüssel nach und nach mit dem Olivenöl verrühren. Mit den restlichen Zutaten in die Küchenmaschine oder einen Standmixer geben und fein pürieren. Mit Salz und Pfeffer würzen. Beiseitestellen.
2. Für die *panzanella* den Bulgur in einer Schüssel nur eben mit kochendem Wasser bedecken, mit Frischhaltefolie zudecken und 30 Minuten quellen lassen, bis der Bulgur das Wasser vollständig aufgenommen hat. Den Bulgur mit einer Gabel auflockern, sorgfältig die restlichen Zutaten untermischen, abschmecken und 20 Minuten durchziehen lassen.
3. Einen Grill vorheizen oder eine Grillpfanne sehr heiß werden lassen. Die Steaks mit dem Öl einreiben, kräftig salzen und pfeffern und bis zum gewünschten Gargrad grillen.
4. Die Bulgur-*panzanella* auf vier Teller verteilen und die Steaks ganz oder in Scheiben geschnitten darauf anrichten. Mit Salsa verde überziehen und servieren.

FÜR DIE *PANZANELLA*
125 g Bulgur
10 rote Kirschtomaten, halbiert
10 gelbe Kirschtomaten, halbiert
40 g schwarze Oliven, entsteint
1 rote Zwiebeln, geschält, fein gewürfelt
2 EL Rotweinessig
125 ml Olivenöl

Gefülltes Hüftsteak mit Ziegenkäse, Pilzen und Kresse-Mandelbutter

Ich mag Ziegenkäse in jeder Form. Für diese Füllung benötigen Sie einen vollreifen, würzigen Käse. Herbsttrompeten sind wild wachsende Pilze mit einem erdigen Aroma, die es frisch oder getrocknet im Handel gibt. Mit jeder anderen Pilzsorte funktioniert es aber ebenso gut.

FÜR 4 PERSONEN

2 EL Olivenöl
2 Schalotten, geschält, fein gewürfelt
1 Knoblauchzehe, zerdrückt
75 g frische Herbsttrompeten oder Champignons, geputzt, gehackt
100 g reifer Ziegenkäse, zerkrümelt
1 EL gehackte glatte Petersilie
1 TL Dijon-Senf
75 g frische Weißbrotbrösel
4 Hüftsteaks, je 180 g und etwa 4 cm dick
120 g Kresse-Mandelbutter (siehe Seite 137)

1 Für die Füllung das Olivenöl in einer Pfanne erhitzen, die Schalotten, den Knoblauch und die gehackten Pilze hineingeben und 5 Minuten bei starker Hitze garen, bis die Pilze weich sind. Die Mischung in einer Schüssel abkühlen lassen.

2 Den Ziegenkäse, die Petersilie, den Senf und die Weißbrotbrösel unter die erkaltete Pilzmischung mengen.

3 Die Steaks behutsam seitlich so einschneiden, dass eine tiefe Tasche entsteht. Die Käse-Pilz-Mischung in die Taschen füllen und gut hineindrücken. Die Öffnungen mit einem kleinen Holzspieß verschließen.

4 Die Steaks auf dem vorgeheizten Grill oder in einer heißen Grillpfanne bis zum gewünschten Gargrad grillen. In dicke Scheiben schneiden, mit der Kresse-Mandelbutter garnieren und servieren.

Arabische Rindfleischspieße mit Kichererbsenpüree

Baharat – arabisch für »Gewürz« – ist eine bräunliche Gewürzmischung von intensivem Duft, die sich von Region zu Region anders zusammensetzt. Erhältlich ist sie im arabischen Lebensmittelhandel, ebenso wie Granatapfelsirup, ein dickflüssiger, angenehm säuerlicher Saft, der gut mit den süßen Aprikosen harmoniert.

FÜR 4 PERSONEN

2 EL Olivenöl
1 Knoblauchzehe, zerdrückt
5 cm frischer Ingwer, geschält, fein gerieben
1 TL gemahlener Kreuzkümmel
¼ TL gemahlene Kurkuma
1 TL *baharat*-Gewürzmischung
4 EL Granatapfelsirup
700 g Hüftsteak oder Skirt-Steak, quer zur Faser in 2,5 cm dicke Stücke geschnitten
12 getrocknete Aprikosen, 30 Minuten in warmem Wasser eingeweicht, abgetropft
Frische kleine Minzeblätter

FÜR DAS KICHERERBSENPÜREE

400 g gekochte Kichererbsen oder Kichererbsen aus der Dose, abgetropft
1 Knoblauchzehe, zerdrückt
100 ml Milch
Saft von ¼ Zitrone
Salz und frisch gemahlener schwarzer Pfeffer
2 EL Olivenöl
1 TL Kreuzkümmelsamen

1 Das Olivenöl in einer Pfanne erhitzen. Den Knoblauch, den Ingwer, den Kreuzkümmel, die Kurkuma und die *baharat*-Gewürze hineingeben und 1 Minute braten, bis die Mischung aromatisch duftet. Den Granatapfelsirup zugießen und 1 Minute mitgaren.
2 Das Rindfleisch in einer Schüssel mit der Gewürzmischung übergießen, gründlich vermengen und etwa 1 Stunde marinieren.
3 Das Fleisch aus der Marinade heben und immer abwechselnd mit den Aprikosen auf vier große, gewässerte Holzspieße stecken.
4 Die Spieße auf dem vorgeheizten Grill oder in einer heißen Grillpfanne 5–6 Minuten grillen. Zwischendurch immer wieder wenden.
5 Inzwischen die Kichererbsen, den Knoblauch, die Milch und den Zitronensaft in der Küchenmaschine pürieren, mit Salz und Pfeffer würzen und weitermixen, bis die Mischung glatt ist.
6 Das Olivenöl in einer kleinen Pfanne erhitzen und die Kreuzkümmelsamen darin bei schwacher Hitze 1 Minute braten, bis sie duften. Das Kichererbsenpüree zugeben, gründlich umrühren und 2–3 Minuten erhitzen.
7 Die Grillspieße anrichten, mit den Minzeblättern garnieren und servieren. Das Kichererbsenpüree separat dazu reichen.

In grünem Tee marinierte Rindfleischspieße

Tee (aber auch Kaffee) ist bei uns als würzende Zutat kaum bekannt. Dabei hat er ein einzigartiges Geschmack gebendes Aroma, das in den fernöstlichen Küchen seit Jahrhunderten geschätzt wird.

FÜR 4 PERSONEN

600 g Roastbeef, in 2,5 cm große Würfel geschnitten
1 große rote Zwiebel, geschält, in 8 Spalten geschnitten
2 grüne Paprikaschoten, von den Samen befreit, grob gewürfelt
1 Aubergine, grob gewürfelt
2 EL Olivenöl

FÜR DIE MARINADE

2 EL helle Sojasauce
2 Stängel Zitronengras, von den äußeren Blättern befreit, gehackt
1 EL süße Chilisauce
1 TL Chiliöl
2 TL grüne Teeblätter
3 Knoblauchzehen, zerdrückt
1 cm frischer Ingwer, geschält, fein gerieben
25 g Koriandergrün, grob gehackt

1 Die Roastbeefwürfel in einer Schüssel mit sämtlichen Zutaten für die Marinade gründlich vermengen. Mit Frischhaltefolie abdecken und 24 Stunden im Kühlschrank marinieren.

2 Das Fleisch aus der Marinade nehmen; die Marinade wird nicht verwendet.

3 Einen Grill vorheizen oder eine Grillpfanne sehr heiß werden lassen. Die Fleischstücke und das vorbereitete Gemüse auf vier große, gewässerte Holzspieße stecken und rundherum mit Öl bestreichen.

4 Die Spieße unter mehrmaligem Wenden 8–10 Minuten oder nach gewünschtem Gargrad grillen. Ich serviere dazu gern pfannengerührten oder gedämpften Reis.

Satay-Rindfleischspieße mit Bang-Bang-Sauce

Ein traditionelles malaiisches Gericht, das – wie die asiatische Küche insgesamt – immer beliebter wird. Die Spießchen schmecken auch hervorragend als Snack auf einer Cocktailparty oder zum Aperitif.

FÜR 4 PERSONEN

800 g Roastbeef, überschüssiges Fett entfernt
4 Stängel Zitronengras, von den äußeren Blättern befreit, gehackt
2 EL brauner Zucker
1 EL *nam pla* (Fischsauce; aus dem Asia-Laden)
1 Knoblauchzehe, zerdrückt
2,5 cm frischer Ingwer, geschält, gehackt
½ TL Koriandersamen
½ TL Kreuzkümmelsamen
½ TL gemahlene Kurkuma
Öl zum Bestreichen

FÜR DIE SAUCE

300 ml kräftiger Geflügelfond
6 EL cremige Erdnussbutter
2 EL brauner Zucker
1 rote Chilischote, von den Samen befreit, fein gehackt
2,5 cm frischer Ingwer, geschält, fein gehackt
1 TL mildes Currypulver
1 Knoblauchzehe, zerdrückt
½ TL Sojasauce
Saft von ½ Zitrone

1 Das Roastbeef in 2,5 cm große Würfel schneiden und in eine große Schüssel legen.
2 Die restlichen Zutaten im Mixer oder in der Küchenmaschine mit 50 ml Wasser zu einer feuchten Paste verarbeiten. Über das Fleisch geben und gründlich durchmischen. Mit Frischhaltefolie abdecken und über Nacht im Kühlschrank marinieren.
3 Das Fleisch zu gleichen Teilen auf acht gewässerte Holz- oder Bambusspieße stecken und leicht mit Öl einreiben.
4 Einen Grill vorheizen oder eine Grillpfanne sehr heiß werden lassen. Sämtliche Zutaten für die Sauce in einer kleinen Pfanne zum Kochen bringen und bei reduzierter Hitze 2–3 Minuten garen. In einer Schüssel abkühlen lassen.
5 Die Satay-Spieße in 3–4 Minuten von allen Seiten goldbraun grillen und sofort servieren (traditionell werden sie mit Zwiebeln und Gurke garniert). Die Sauce getrennt dazu reichen.

Pfeffersteak

AUS DER PFANNE

Pfeffersteak

Der Erfolg dieses französischen Klassikers hängt ganz vom Aroma der schwarzen Pfefferkörner ab, die erst im letzten Moment zerstoßen werden dürfen. Das Gericht stammt aus dem 19. Jahrhundert, als man Pfeffer für ein Aphrodisiakum hielt. Bis heute hat es nichts von seiner Popularität eingebüßt. In Frankreich serviert man dazu üblicherweise Bratkartoffeln.

FÜR 4 PERSONEN

3 EL schwarze Pfefferkörner
4 Filetsteaks, je 180 g und 4–5 cm dick
Salz
2 EL geklärte Butter (siehe Seite 44)
100 ml Cognac oder Weinbrand
150 ml kräftiger Rinderfond (siehe Seite 141)
4 EL Sahne
100 g kalte Butter, in kleine Würfel geschnitten

1 Die Pfefferkörner in ein sauberes Küchentuch einschlagen und mit einem Rollholz oder einem Fleischklopfer nur grob zerstoßen – nicht pulverisieren! Den Pfeffer in eine flache Schüssel geben und die Steaks darin von beiden Seiten wenden, bis sie gut bedeckt sind. Das Fleisch leicht salzen.

2 Die geklärte Butter in einer großen beschichteten Pfanne erhitzen. Die Steaks einlegen und bei starker Hitze von beiden Seiten bis zum gewünschten Gargrad goldbraun braten. Aus der Pfanne heben und warm stellen.

3 Den Cognac oder Weinbrand in die Pfanne gießen und vorsichtig entzünden. Sobald die Flammen erloschen sind, den Fond zugießen und die Flüssigkeit auf die Hälfte einkochen.

4 Die Sahne zugeben und die Sauce weiter eindicken lassen, bis sie den Rücken eines Holzlöffels überzieht. Stückchenweise die kalte Butter unterschlagen und mit etwas Salz abschmecken. Die Sauce über die Steaks geben und servieren.

Filet mignon mit glasierten Schalotten und Wildpilzen in Marsala

Ein zartes Steak mit Schalotten und Wildpilzen ist eine bewährte Kombination. Außerhalb der Pilzsaison können Sie auf eine Auswahl getrockneter Pilze ausweichen. Wichtig ist, dass die Sauce ein volles, intensives Aroma hat.

FÜR 4 PERSONEN

2 EL geklärte Butter (siehe Seite 44)
8 Filets mignons, je 90 g
Salz und frisch gemahlener schwarzer Pfeffer
25 g kalte Butter, in kleine Würfel geschnitten
225 g frische gemischte Wildpilze, geputzt, zerteilt
1 Knoblauchzehe, zerdrückt
12 mittelgroße längliche Schalotten, geschält, längs halbiert
1 EL brauner Zucker
150 ml Marsala
200 ml kräftiger Rinderfond (siehe Seite 141)
1 TL frisch gehackter Thymian, plus Thymian zum Garnieren

1 Die geklärte Butter in einer beschichteten Pfanne erhitzen. Die Steaks kräftig salzen und pfeffern und von jeder Seite in 2–3 Minuten goldbraun braten. Aus der Pfanne heben und warm stellen.

2 In derselben Pfanne 15 g der kalten Butter aufschäumen und darin die Pilze und den Knoblauch 2–3 Minuten sautieren. Aus der Pfanne nehmen und warm stellen.

3 Die Pfanne wieder erhitzen, die Schalotten und den Zucker hineingeben und 4–5 Minuten leicht karamellisieren lassen. Den Marsala und den Fond zugießen und die Schalotten darin garen, bis sie weich sind und die Sauce sirupartig eingedickt ist. Die Pilze und den gehackten Thymian untermengen, die Pfanne vom Herd nehmen und die restliche Butter einrühren. Die Sauce abschmecken.

4 Pro Person je 2 Filets mignons auf Tellern anrichten, mit den Schalotten, der Marsala-Sauce und den Pilzen garnieren und mit dem Thymian dekorieren. Dazu passt ein sahniges Kartoffelpüree.

Filet mignon mit glasierten
Schalotten und Wildpilzen in Marsala

Tournedos mit Wacholderbeeren und Maronen-Blinis

Die Marinade aus Rotwein und Wacholder verleiht dem Fleisch ein wunderbar winterliches Aroma, das ausgezeichnet mit den Maronen-Blinis harmoniert.

FÜR 4 PERSONEN

4 Filetsteaks (Tournedos), je 180 g und 2,5–4 cm dick
100 ml guter Rotwein
2 Zweige frischer Rosmarin
8 Wacholderbeeren
2 EL Olivenöl
Salz und frisch gemahlener schwarzer Pfeffer
1 EL brauner Zucker
2 Granny-Smith-Äpfel, geschält, entkernt, in 1 cm dicke Spalten geschnitten
1 EL Cidre-Essig, ersatzweise Apfelessig
200 ml kräftiger Fleischfond
1 EL Johannisbeergelee
2 EL rote Johannisbeeren

FÜR DIE MARONEN-BLINIS

175 g warmes Kartoffelpüree
100 g ungesüßtes Maronenpüree
75 g Mehl
1 Ei und 1 Eigelb
100 ml Milch
2 EL geklärte Butter (siehe Seite 44)

1 Die Tournedos in eine tiefe Schüssel oder einen Topf legen und mit dem Wein übergießen. Den Rosmarin und die Wacholderbeeren zugeben und abgedeckt bei Raumtemperatur 1 Stunde marinieren. Zwischendurch ein- bis zweimal wenden. Das Fleisch herausheben und die Marinade durch ein Sieb gießen.

2 Für die Blinis in einer Schüssel das warme Kartoffelpüree mit dem Maronenpüree und dem Mehl verrühren. Das Ei, das Eigelb und so viel Milch in den Teig einarbeiten, dass er bandartig vom Löffel fließt. Abschmecken.

3 Die geklärte Butter in einer großen beschichteten Pfanne erhitzen. Pro Blini 2 Esslöffel Teig hineingeben, zu einem 5 mm dünnen Kreis verstreichen und von jeder Seite 2–3 Minuten backen, bis die Küchlein goldbraun und fest sind. Insgesamt acht Blinis backen. Die fertigen Blinis herausnehmen und warm stellen.

4 In einer zweiten großen beschichteten Pfanne das Olivenöl erhitzen. Die Steaks salzen und pfeffern, in das heiße Öl einlegen und je nach gewünschtem Gargrad braten. Aus der Pfanne nehmen und warm stellen.

5 Das Bratfett in der Pfanne weggießen, den Zucker und die Apfelspalten hineingeben und 4–5 Minuten leicht karamellisieren lassen. Wieder herausnehmen.

6 Den Cidre-Essig, die passierte Marinade und den Fond in die Pfanne gießen und langsam auf die Hälfte einkochen lassen. Das Johannisbeergelee einrühren; dann die frischen Johannisbeeren und die karamelisierten Apfelspalten untermengen und die Sauce abschmecken. Die Tournedos auf den Maronen-Blinis anrichten, mit der Sauce und den Früchten überziehen und servieren.

Tournedos Rossini

Der italienische Komponist Rossini war ein bekannter Gourmet, seine Schwäche für Foie gras und Trüffeln ist legendär. Dieses Gericht wurde von einem Pariser Café zu seinen Ehren kreiert. Nicht ganz billig, aber ein denkwürdiger Genuss!

FÜR 4 PERSONEN

3 EL geklärte Butter (siehe unten)
4 Filetsteaks (Tournedos), je 175 g, überschüssiges Fett entfernt
Salz und frisch gemahlener schwarzer Pfeffer
4 Scheiben frische Foie gras (Gänseleber), je 90 g und 1 cm dick
4 Scheiben Baguette, je 1 cm dick
150 ml Madeira
300 ml kräftiger Rinderfond (siehe Seite 141)
25 g kalte Butter, in kleine Würfel geschnitten
8 dünne Scheiben frische oder eingelegte Trüffeln

1 Den Ofen auf 200 °C vorheizen. Eine ofenfeste, beschichtete Bratpfanne auf mittlerer Stufe erhitzen und 1 Esslöffel der geklärten Butter hineingeben. Die Steaks mit Salz und Pfeffer würzen und von beiden Seiten anbraten, bis sie gut gebräunt sind.

2 Die Pfanne in den Ofen schieben und das Fleisch für medium rare (blutig bis rosa) in 5–6 Minuten oder nach gewünschtem Gargrad fertig braten. Die Steaks aus der Pfanne nehmen und warm stellen.

3 Die Pfanne wieder auf den Herd stellen, die Foie-gras-Scheiben würzen, in die Pfanne legen und bei starker Hitze von jeder Seite 30 Sekunden braten. Wieder herausnehmen und warm stellen.

4 In einer zweiten Pfanne die restliche geklärte Butter erhitzen und die Baguettescheiben von beiden Seiten in etwa 30 Sekunden goldbraun braten. Herausnehmen und warm stellen.

5 Die Pfanne, in der die Foie gras gebraten wurde, bei mittlerer Hitze wieder auf den Herd stellen, den Madeira und den Fond hineingießen, zum Kochen bringen und in etwa 15 Minuten sirupartig eindicken lassen. Vom Herd nehmen und stückchenweise die kalte Butter unterschlagen.

6 Auf jeden Teller 1 Baguettescheibe legen, die Steaks mit den Foie-gras-Scheiben darauf anrichten und mit den Trüffeln garnieren. Mit der Sauce übergießen und servieren.

BUTTER KLÄREN

1 Die Butter würfeln und in einem Topf behutsam erhitzen, bis sich die festen Bestandteile vom Butterfett getrennt und als Schaum an der Oberfläche abgesetzt haben. Die Butter nicht braun werden lassen, sonst verliert sie ihr frisches Aroma.

2 Den Schaum von der Oberfläche abschöpfen und das reine Butterfett vorsichtig in eine Schüssel abgießen, bis nur noch ein milchiger Bodensatz zurückbleibt, der nicht verwendet wird. Die geklärte Butter ist nun gebrauchsfertig.

Rogers Filetsteak »Mathurini«

Filetsteak mit Armagnac-Pfeffersauce und Korinthen

Dieses Rezept stammt von meinem guten Freund Roger Vergé, der sich inzwischen zur Ruhe gesetzt und sein wunderschönes Restaurant in Südfrankreich verkauft hat. Zu einem Steak aus der Pfanne ist Rogers Sauce kaum zu toppen. Als Beilage empfiehlt er in Butter geschwenkten Spinat, aber auch meine luftig-lockeren Mais-Kartoffelküchlein können sich schmecken lassen.

FÜR 4 PERSONEN

40 g Korinthen
4 Filetsteaks, je 175 g, sauber pariert
Salz und frisch gemahlener schwarzer Pfeffer
1 EL grob zerstoßener schwarzer Pfeffer
50 g Butter
30 ml Pflanzenöl
45 ml Armagnac oder Cognac
300 ml kräftiger Rinderfond (siehe Seite 141)
Junger, in Butter geschwenkter Spinat zum Servieren (nach Belieben)

FÜR DIE MAIS-KARTOFFELKÜCHLEIN

250 g Kartoffelpüree
200 g Maiskörner aus der Dose, gut abgetropft
75 g frische Weißbrotbrösel
1 kleines Eigelb
30 ml Olivenöl

1. Die Korinthen 5 Minuten in kochendem Wasser blanchieren, gut abtropfen lassen und beiseitestellen.
2. Die Steaks von beiden Seiten kräftig salzen und pfeffern. Das Fleisch mit dem Rand rundherum in dem zerstoßenen Pfeffer rollen und diesen gut andrücken.
3. In einer großen Pfanne die Hälfte der Butter und das Öl erhitzen. Sobald die Butter aufschäumt, die Steaks einlegen und bei mittlerer Hitze je nach gewünschtem Gargrad braten; dabei gelegentlich wenden. Die Pfanne vom Herd nehmen und das Fleisch ruhen lassen (siehe Seite 9).
4. Überschüssiges Fett aus der Pfanne abgießen, die Korinthen und den Armagnac oder Cognac hineingeben und bei schwacher Hitze einkochen lassen. Den Fond zugießen, aufkochen und die Sauce um zwei Drittel reduzieren. Die restliche Butter unterschlagen und abschmecken.
5. Auf jedem Teller ein Bett aus Spinat ausbreiten (falls verwendet) und je 1 Mais-Kartoffelküchlein und 1 Steak darauf anrichten. Mit der Sauce übergießen und servieren.

FÜR DIE MAIS-KARTOFFELKÜCHLEIN

1. Das Kartoffelpüree in eine Schüssel füllen und mit Salz und Pfeffer abschmecken. Den Mais, die Weißbrotbrösel und das Eigelb zugeben und alles zu einer festen Masse verarbeiten. Den Teig zu vier gleich großen Bällchen formen und diese zu etwa 1 cm dicken Küchlein abflachen.
2. Das Öl in einer beschichteten Pfanne erhitzen und die Küchlein darin von jeder Seite 2–3 Minuten braten, bis sie goldgelb sind.

Szechuanpfeffer-Steak mit karamellisiertem Ingwerreis und Asia-Pickles

Dieses Gericht schmeckt richtig erfrischend – und allein schon die Farben sind ein Genuss! Es geht ganz einfach und schnell und gelingt praktisch immer. Probieren Sie unbedingt auch einmal das kalt in Streifen geschnittene Fleisch zu dem Reis.

FÜR 4 PERSONEN

4 Rumpsteaks, je 175 g, überschüssiges Fett entfernt
3 EL helle Sojasauce
1 EL plus 1 TL brauner Zucker
2 TL Fünf-Gewürze-Pulver (Asia-Laden)
1 EL Szechuanpfefferkörner
120 ml Sonnenblumenöl
2 Eier, leicht verschlagen
2,5 cm frischer Ingwer, geschält, gehackt
1 Knoblauchzehe, zerdrückt
175 g Shiitake-Pilze, in dicke Scheiben geschnitten
500 g gegarter Langkornreis
2 Frühlingszwiebeln, in feine Streifen geschnitten
1 EL Sojasauce
Salz und frisch gemahlener schwarzer Pfeffer

FÜR DIE ASIA-PICKLES

100 ml Reisweinessig
2 EL Zucker
1 Zwiebel, geschält, in feine Halbringe geschnitten
1 Möhre, in feine Streifen geschnitten
¼ Gurke, von den Samen befreit, in feine Streifen geschnitten

1 Die Steaks in eine Schüssel legen und mit der Sojasauce übergießen. 1 Teelöffel braunen Zucker, das Fünf-Gewürze-Pulver und die Szechuanpfefferkörner zugeben und das Fleisch abgedeckt 2 Stunden bei Raumtemperatur marinieren.

2 Für die Pickles den Essig mit dem Zucker 5 Minuten aufkochen, dann in eine hitzebeständige Schüssel gießen. Das Gemüse hineingeben, gründlich in der Mischung wenden und abkühlen lassen. Anschließend das Gemüse gut abtropfen lassen.

3 In einem Wok oder einer großen Pfanne 100 ml des Sonnenblumenöls erhitzen. Die verschlagenen Eier hineingeben und rasch verrühren, sodass sie in langen Fäden stocken. Herausheben und beiseitestellen.

4 Den Wok oder die Pfanne erneut erhitzen und unter Rühren den Ingwer, den Knoblauch sowie 1 Esslöffel braunen Zucker 1 Minute karamellisieren lassen.

5 Die Pilze zugeben und 1 weitere Minute pfannenrühren; dann den Reis untermengen und unter Rühren erwärmen, bis sämtliche Zutaten gut durchmischt sind und der Reis leicht karamellisiert ist. Die Frühlingszwiebeln, die Sojasauce und die Eierfäden zufügen, gut verrühren und abschmecken. Warm stellen.

6 In einer zweiten Pfanne das restliche Öl erhitzen. Die Steaks aus der Marinade heben, salzen und von jeder Seite 2–3 Minuten scharf anbraten, bis sie gut gebräunt und die Poren verschlossen sind. Die Marinade zugießen und das Fleisch weitere 2 Minuten garen und in der Marinade glasieren. Aus der Pfanne heben.

7 Die Steaks quer zur Faser in breite Streifen schneiden und auf dem Ingwerreis anrichten. Mit dem Bratensaft überziehen, mit den Asia-Pickles garnieren und servieren.

Scaloppine vom Rind mit Basilikumkruste, Rucola und Parmesan

Der Reiz dieses durch und durch italienischen Gerichts liegt in seiner Schlichtheit.

FÜR 4 PERSONEN

8 kleine Minutensteaks, je 90 g und 5 mm dünn
2 EL Pesto
Salz und frisch gemahlener schwarzer Pfeffer
2 Eier, verschlagen
75 g frische Weißbrotbrösel
4 EL Sonnenblumenöl
100 ml Olivenöl
2 EL Balsamico-Essig
1 rote Zwiebel, geschält, in feine Halbringe geschnitten
1 Knoblauchzehe, zerdrückt
1 rote Paprikaschote, von den Samen befreit, in dünne Streifen geschnitten
8 Kirschtomaten, halbiert
150 g Rucola
50 g Parmesan, dünn gehobelt
Zitronenspalten zum Garnieren

1 Die Steaks in einer Schüssel mit dem Pesto bestreichen und mit Salz und Pfeffer würzen. Die verschlagenen Eier zugeben, alles gründlich durchmischen und das Fleisch 1 Stunde bei Raumtemperatur marinieren. Die Steaks einzeln herausheben und in den Weißbrotbröseln wenden, bis sie rundherum gut bedeckt sind.

2 Das Sonnenblumenöl in einer großen beschichteten Pfanne erhitzen, die panierten Steaks einlegen und rasch von jeder Seite 3–4 Minuten goldbraun und knusprig braten.

3 Inzwischen für das Dressing das Olivenöl mit dem Balsamico-Essig verrühren.

4 Die Zwiebel, den Knoblauch, die Paprikastreifen, die Tomaten und den Rucola in einer Schüssel vermengen und mit Salz und Pfeffer würzen. Den Parmesan zufügen und kurz vor dem Servieren mit dem Olivenöl-Balsamico-Dressing übergießen.

5 Je 2 Scaloppine pro Person auf Tellern anrichten, mit dem Salat und den Zitronenspalten garnieren und servieren. Nach Belieben den Salat auch in Einzelschalen dazu reichen.

Filet mignon mit Sardellen-Olivensauce

Sardellen zu Steak sind nicht gerade eine Kombination, die sich aufdrängt, dabei ist sie in der italienischen und französischen Küche seit Urzeiten eine feste Größe. Sardellen verleihen der Sauce Fülle, man darf allerdings nicht übertreiben, sonst ist schnell Schluss mit der Herrlichkeit.

FÜR 4 PERSONEN

8 Filets mignons, je 90 g und etwa 1 cm dick
1 EL Olivenöl
½ TL frisch gehackter Rosmarin
½ TL frisch gehackter Thymian
Salz und frisch gemahlener schwarzer Pfeffer
2 Schalotten, geschält, fein gewürfelt
1 Knoblauchzehe, zerdrückt
1 EL gehackte Sardellenfilets
1 Dose (400 g) Tomaten, gehackt
¼ TL abgeriebene Schale von 1 unbehandelten Zitrone
2 EL Rotweinessig
2 EL gehackte glatte Petersilie
12 schwarze Oliven, entsteint

1 Die Steaks in einer Schüssel mit dem Olivenöl und den Kräutern vermengen und zugedeckt 2 Stunden bei Raumtemperatur marinieren.

2 Eine beschichtete Pfanne stark erhitzen. Die Filets mignons aus der Marinade nehmen, mit Salz und Pfeffer würzen und für rare (blutig) etwa 2 Minuten von jeder Seite oder nach gewünschtem Gargrad braten. Aus der Pfanne heben und warm stellen.

3 Die Schalotten und den Knoblauch in derselben Pfanne 1 Minute anschwitzen. Die Sardellen zugeben, unter Rühren 30 Sekunden mitgaren und dann die Tomaten und die Zitronenschale untermengen. Die Sauce eindicken lassen, den Essig zugießen und noch 1 Minute weitergaren. Zuletzt die Petersilie und die Oliven unterrühren und abschmecken.

4 Die Filets mignons anrichten, die Sauce über das Fleisch geben und servieren.

Scaloppine vom Rind mit Basilikum-
kruste, Rucola und Parmesan

Piccatas vom Rind mit Balsamico, Käse und Salbei

Wie erklärt sich nur diese unglaublich steile Karriere des Balsamico-Essigs in den letzten Jahren? Ob Saucen, Suppen oder sogar Desserts, es gibt kaum ein Gericht, in dem er nicht auftaucht – es muss wohl an unserem allgemeinen Hang zu Süßem liegen. Der sirupartig-süßliche Essig verleiht vielen Speisen die nötige Würze, ohne sie aus der Balance zu bringen.

FÜR 4 PERSONEN

8 Filets mignons, je 90 g
4 EL Olivenöl
2 rote Zwiebeln, geschält, in feine Ringe geschnitten
2 Sardellenfilets, gut abgespült, fein gehackt
Salz und frisch gemahlener schwarzer Pfeffer
100 ml Balsamico-Essig
100 ml kräftiger Rinderfond (siehe Seite 141)
6 frische Salbeiblätter, gehackt, plus einige Blätter zum Garnieren
75 g Schnittkäse (vorzugsweise Fontina), in dünne Scheiben geschnitten

1 Die kleinen Medaillons mit einem Fleischklopfer oder einem Rollholz zwischen zwei Lagen Frischhaltefolie etwas flach klopfen.
2 Die Hälfte des Olivenöls in einer großen beschichteten Pfanne erhitzen. Die Zwiebeln darin etwa 10 Minuten sautieren, bis sie leicht goldbraun sind. Die Sardellen zugeben, gut verrühren und weitere 2 Minuten garen. Die Pfanne vom Herd nehmen und beiseitestellen.
3 Eine zweite große beschichtete Pfanne erhitzen und das restliche Öl hineingeben. Die Steaks kräftig mit Salz und Pfeffer würzen und von beiden Seiten 30 Sekunden scharf anbraten.
4 Den Balsamico-Essig und den Fond zugießen, die Salbeiblätter einlegen und die Sauce sämig einkochen. Das Fleisch dabei regelmäßig in der Sauce wenden. Die Zwiebel-Sardellenmischung unterrühren, abschmecken und noch 2 Minuten weitergaren.
5 Auf jedem Teller 2 Piccatas anrichten und mit den Käsescheiben belegen. Die Sauce, falls nötig, noch einmal erhitzen und über das Fleisch und den zerlaufenden Käse ziehen. Mit einigen Salbeiblättern garnieren und servieren. Ich richte diese Piccatas am liebsten auf Tagliatelle an.

Rindfleischstreifen aus dem Wok mit schwarzem Pfeffer, grünen Chilis und Frühlingszwiebeln

Bei diesem Gericht sorgen schwarzer Pfeffer und Chilis gemeinsam für feurige Schärfe und ein wunderbar pfeffriges Aroma. Pate gestanden hat ein ähnliches Gericht, das ich einmal während meiner Zeit in Singapur probiert habe.

FÜR 4 PERSONEN

800 g Hüftsteaks, in dünne Streifen geschnitten
2 große Knoblauchzehen, zerdrückt
½ TL zerstoßene schwarze Pfefferkörner
2,5 cm frischer Ingwer, geschält, fein gerieben
2 EL dunkle Sojasauce
100 ml Sherry
2 TL brauner Zucker
2 EL Sonnenblumenöl
1 EL Sesamöl
12 frische kleine grüne Chilischoten, längs halbiert, von den Samen befreit
6 Frühlingszwiebeln, in 5 cm lange Stücke geschnitten

1 In einer Schüssel das Fleisch, den Knoblauch, die Pfefferkörner, den Ingwer, die Sojasauce, den Sherry und den Zucker gründlich vermengen und 1 Stunde bei Raumtemperatur marinieren.
2 In einem Wok oder einer großen Pfanne beide Öle erhitzen. Die Chilis und die Frühlingszwiebeln hineingeben und 2–3 Minuten pfannenrühren. Das Fleisch mit seiner Marinade hinzufügen und weitere 3–4 Minuten unter Rühren garen. Gut durchmischen und servieren.

Piccatas vom Rind mit Balsamico, Käse und Salbei

Gefülltes Hüftsteak mit Blauschimmelkäse, dazu Sellerie-Chutney

Steak und Blauschimmelkäse sind einfach ein unschlagbares Duo. Das volle, vielschichtige Fleischaroma verlangt geradezu nach einem pikanten Akzent, und da kommt für meinen Geschmack ein Cashel Irish Blue gerade richtig. Er ist mild und cremig – der perfekte Partner.

FÜR 4 PERSONEN

4 Hüftsteaks, je 200 g und etwa 2,5 cm dick
150 g Blauschimmelkäse, vorzugsweise Cashel Irish Blue oder Stilton
1 EL Butter
1 EL Crème double
2 EL gehackte Walnusskerne
Salz und frisch gemahlener schwarzer Pfeffer
2 EL Sonnenblumenöl
100 ml Portwein
150 ml kräftiger Rinderfond (siehe Seite 141)
Frischer Thymian zum Garnieren

FÜR DAS CHUTNEY

25 g Butter
2 rote Zwiebeln, geschält, in feine Halbringe geschnitten
½ Knollensellerie, geschält, in Scheiben geschnitten
½ TL frische Thymianblätter
1 EL brauner Zucker
250 ml Rotwein
50 ml Rotweinessig
1 EL Johannisbeergelee

1 Die Steaks mit einem kleinen, scharfen Messer seitlich so einschneiden, dass eine tiefe Tasche entsteht. Nicht durchstechen!

2 In einer Schüssel den Käse mit der Butter zu einer cremigen Paste verrühren. Die Crème double und die Walnüsse einarbeiten und eventuell leicht würzen.

3 Die Steaks vorsichtig mit der Käsecreme füllen und diese gleichmäßig in den Taschen verteilen. Die Öffnungen mit einem Holzspießchen verschließen. Die Steaks für 1 Stunde in den Kühlschrank stellen.

4 Für das Chutney die Butter in einer Pfanne aufschäumen. Die Zwiebeln und den Sellerie darin 4–5 Minuten anschwitzen, den Thymian und den Zucker zugeben, bei mäßiger Hitze 5 Minuten garen und karamellisieren lassen. Den Wein und den Essig zugießen und weitere 10–12 Minuten behutsam garen, bis die Flüssigkeit verkocht und das Gemüse sehr weich ist und fast zerfällt. Das Johannisbeergelee unterrühren, abschmecken und warm stellen.

5 In einer beschichteten Pfanne das Sonnenblumenöl erhitzen. Die Steaks mit schwarzem Pfeffer und nur wenig Salz würzen (der Käse ist bereits salzig) und von beiden Seiten goldbraun je nach gewünschtem Gargrad braten. Aus der Pfanne nehmen und warm stellen.

6 Das Fett aus der Pfanne weggießen, den Bratensatz mit dem Portwein und dem Fond ablöschen und auf die Hälfte einkochen lassen. Abschmecken.

7 Die Steaks anrichten und mit einem großzügigen Löffel Sellerie-Chutney garnieren. Mit etwas Portweinsauce umgießen, mit frischem Thymian bestreuen und servieren. Dazu passt in Butter geschwenkter Spinat oder Mangold.

Bistecca alla pizzaiola

Ein großer Klassiker aus der italienischen Trattoria-Küche, den ich immer noch bei jeder Gelegenheit genieße. Die Sauce – wie könnte es anders sein – erinnert ein wenig an Pizza. Sie können die Steaks auch mit einer Scheibe Mozzarella oder Provolone belegen und 30 Sekunden unter dem heißen Grill gratinieren – schmeckt hervorragend!

FÜR 4 PERSONEN

2 EL Olivenöl
4 Rumpsteaks, je 180 g
Salz und frisch gemahlener schwarzer Pfeffer
1 Zwiebel, geschält, in feine Ringe geschnitten
2 Knoblauchzehen, zerdrückt
1 große rote Paprikaschote, von den Samen befreit, in dicke Streifen geschnitten
1 große gelbe Paprikaschote, von den Samen befreit, in dicke Streifen geschnitten
125 g Champignons, geputzt, in Scheiben geschnitten
4 Eiertomaten, enthäutet, von den Samen befreit, gehackt
1 TL Tomatenmark
1 EL frisch gehackter Oregano
4 EL trockener Weißwein
150 ml kräftiger Rinderfond (siehe Seite 141)
4 Scheiben Mozzarella oder Provolone (nach Belieben)
Frisches Basilikum zum Garnieren

1 In einer großen beschichteten Pfanne die Hälfte des Olivenöls erhitzen. Die Steaks mit Salz und Pfeffer würzen und je nach gewünschtem Gargrad braten. Aus der Pfanne nehmen und warm stellen.

2 Das restliche Öl in die Pfanne gießen. Die Zwiebel und den Knoblauch darin 4–5 Minuten anschwitzen, bis die Zwiebel weich ist. Die Paprikastreifen und die Champignons zufügen und weitere 5 Minuten garen.

3 Die gehackten Tomaten, das Tomatenmark und den Oregano einrühren und 5 Minuten weitergaren.

4 Den Weißwein zugießen und die Mischung 2 Minuten garen. Zuletzt den Fond einrühren und die Sauce etwa 10 Minuten sämig einkochen lassen. Die Steaks nach Belieben mit 1 Scheibe Mozzarella oder Provolone belegen und unter dem heißen Grill gratinieren. Mit der Sauce und einigen Basilikumblättern garnieren und servieren.

Rindfleisch Serundeng

Die moderne Version eines indonesischen Klassikers, der hier nicht wie üblich langsam geschmort, sondern rasch gegart wird, damit das Aroma möglichst frisch bleibt. Galgantwurzel bekommen Sie im Asia-Laden, ersatzweise kann man Ingwer verwenden.

FÜR 4 PERSONEN

6 EL Sonnenblumenöl
2 Schalotten, geschält, fein gewürfelt
2,5 cm Galgantwurzel, geschält, fein gehackt
1 Knoblauchzehe, zerdrückt
2 Stängel Zitronengras, von den äußeren Blätter befreit, fein gehackt
3 EL süße Chilisauce
2 Limettenblätter (Asia-Laden)
75 g Kokosraspel
½ TL gemahlene Kurkuma
375 g Rumpsteak, überschüssiges Fett entfernt, in 5 mm dicke Scheiben geschnitten
Salz und frisch gemahlener schwarzer Pfeffer
1 TL gemahlener Koriander
1 EL brauner Zucker
200 ml Kokosmilch

1 Die Hälfte des Öls in einem Wok oder einer großen Pfanne erhitzen. Die Schalotten, die Galgantwurzel, den Knoblauch und das Zitronengras hineingeben und unter Rühren etwas Farbe nehmen lassen. Die Chilisauce und die Limettenblätter zufügen und weitere 2 Minuten pfannenrühren. Die Kokosraspel und die Kurkuma untermengen und noch 1 Minute weiterrühren. Beiseitestellen.

2 In einem zweiten Wok oder einer Pfanne das restliche Öl erhitzen. Das Fleisch mit Salz, Pfeffer und dem gemahlenen Koriander würzen und in dem heißen Öl 2–3 Minuten pfannenrühren, bis es fast durchgegart ist. Aus der Pfanne heben und warm stellen.

3 Den braunen Zucker in derselben Pfanne leicht karamellisieren lassen. Die Kokosmilch und den Inhalt der ersten Pfanne dazugeben und das Ganze zum Kochen bringen.

4 Das Fleisch unter die Sauce mengen und mit gedämpftem Reis servieren.

Rinderfilet Stroganoff

Dieses Gericht ist für mich mit vielen Erinnerungen verbunden. Das erste Mal habe ich es in den frühen Jahren meiner Ausbildung zubereitet. Es geht ganz schnell und einfach und hat eine angenehme, milde Schärfe – Sie werden es mögen. Butternudeln sind die perfekte Beilage.

FÜR 4 PERSONEN

800 g Filetspitzen, in fingergroße Streifen geschnitten
Salz und frisch gemahlener schwarzer Pfeffer
3 EL Paprikapulver
2 EL Sonnenblumenöl
1 Schalotte, geschält, fein gewürfelt
8 Cornichons, abgespült, in dünne Streifen geschnitten
100 ml Weißwein
2 EL Weißweinessig
225 g Champignons, geputzt, in dünne Scheiben geschnitten
150 g Crème fraîche, plus etwas zum Servieren (nach Belieben)
100 ml kräftiger Rinderfond (siehe Seite 141)
¼ TL abgeriebene Schale von 1 unbehandelten Zitrone
¼ TL Dijon-Senf

1 Das Fleisch mit Salz, Pfeffer und 2 Esslöffeln des Paprikapulvers würzen.

2 In einer großen Pfanne das Öl erhitzen, die Filetstreifen hineingeben und in 3–4 Minuten von allen Seiten bräunen. Aus der Pfanne heben und warm stellen.

3 In demselben Öl die Schalotte und die Cornichons 1 Minute anschwitzen. Den Wein und den Essig zugießen und weitere 2 Minuten garen. Die Champignons, die Crème fraîche, den Fond und die Zitronenschale hinzufügen und die Sauce eindicken lassen. Den Senf und das restliche Paprikapulver unterrühren und noch einmal abschmecken.

4 Das Fleisch noch 1 Minute in der Sauce erhitzen und mit Butternudeln servieren. Nach Belieben eine Extraschale Crème fraîche dazu reichen.

Retro-Steak »Diane«

Der Ursprung dieses Gerichts ist ein bisschen nebulös – es kursieren ebenso viele Geschichten darüber wie es Rezepte gibt. In der Hoffnung, alle zufrieden zu stellen, hier meine Version, die ich seit Jahr und Tag mit großem Erfolg zubereite.

FÜR 4 PERSONEN

4 Rumpsteaks, je 180 g, überschüssiges Fett entfernt, flach geklopft
Salz und frisch gemahlener schwarzer Pfeffer
2 EL geklärte Butter (siehe Seite 44)
4 längliche Schalotten, geschält, in Ringen
200 g Champignons, geputzt, in Scheiben geschnitten
2 EL Weinbrand
1 EL Dijon-Senf
2 EL Worcestersauce
200 ml kräftiger Fleischfond
Saft von ¼ Zitrone
1 EL gehackte glatte Petersilie, plus Petersilie zum Garnieren
½ EL frisch gehackter Estragon
10 g kalte Butter, in kleine Würfel geschnitten

1 Die Steaks mit Salz und Pfeffer würzen.

2 Die geklärte Butter in einer großen beschichteten Pfanne erhitzen, 2 Steaks einlegen und auf höchster Stufe von jeder Seite 1 Minute für medium rare (blutig bis rosa, je nach gewünschtem Gargrad auch länger) braten. Die Pfanne wieder erhitzen und die beiden anderen Steaks in gleicher Weise braten. Die Steaks warm stellen, während Sie die Sauce zubereiten.

3 Die Schalotten und die Champignons in derselben Pfanne 4–5 Minuten braten, bis sie goldbraun und gerade weich sind. Mit dem Weinbrand ablöschen, nach 30 Sekunden den Senf, die Worcestersauce und den Fond zugeben und die Mischung eindicken lassen, bis sie den Rücken eines Löffels überzieht.

4 Zuletzt den Zitronensaft, die Kräuter und die Butter unterrühren. Die Sauce mit Salz und Pfeffer abschmecken, über die Steaks schöpfen und mit Petersilienblättern garniert servieren. Dazu passt ein gemischter grüner Salat.

Steak-Röllchen in Parmesancreme

Diese Mini-Rouladen – in Italien nennt man sie *involtini* – werden mit einer aromatischen Mischung aus Käse, Knoblauch und Zitronenschale gefüllt und in einer cremigen Parmesansauce fertig gestellt.

FÜR 4 PERSONEN

8 Filets mignons, je 100 g
20 g frische Basilikumblätter, grob gehackt
½ TL abgeriebene Schale von 1 unbehandelten Zitrone
1 Knoblauchzehe, zerdrückt
150 g Parmesan, in 5 x 5 mm dicke Stäbchen geschnitten
2 EL Olivenöl
4 EL Rotwein
125 g Sahne
20 g Parmesan, fein gerieben
Salz und frisch gemahlener schwarzer Pfeffer

1 Die Filets mignons mit einem Fleischklopfer oder einem Rollholz zwischen zwei Lagen Frischhaltefolie etwas flach klopfen.

2 In einer Schüssel das Basilikum, die Zitronenschale und den Knoblauch vermengen und auf den Filets verteilen. Je 1 Käsestäbchen in die Mitte der Filets legen, die Steaks fest zusammenrollen und mit einem Holzspießchen verschließen.

3 Das Öl in einem Schmortopf erhitzen. Die Röllchen einlegen und rundherum scharf anbraten.

4 Den Rotwein zugießen und 2 Minuten einkochen lassen, dann die Sahne dazugeben, die Hitze reduzieren und die Steakröllchen zugedeckt 6–8 Minuten garen. Herausheben, die Spießchen entfernen und die Röllchen warm stellen.

5 Den geriebenen Parmesan unter die Käsecreme rühren; die Sauce abschmecken, über die Steakröllchen gießen und servieren.

Rib-Steak mit Pfeffer-Kräuter-Kruste

KLASSISCHE BRATEN AUS DEM OFEN

Rib-Steak mit Pfeffer-Kräuter-Kruste

Die Hülle aus grünem Pfeffer und Kräutern gibt diesem Braten außen eine wunderbar knusprige Kruste, während er innen schön zart und saftig bleibt.

FÜR 2 PERSONEN

1 EL Olivenöl
25 g Butter
750 g Rib-Steak (Hochrippe mit Knochen)
Salz und frisch gemahlener schwarzer Pfeffer
20 g eingelegte grüne Pfefferkörner, abgespült
2 TL Dijon-Senf
2 EL gehackte frische gemischte Kräuter (z. B. Petersilie, Estragon, Kerbel, Schnittlauch)
1 Eiweiß
30 g frische Weißbrotbrösel

1. Den Ofen auf 220 °C vorheizen. Eine ofenfeste Pfanne oder einen Bräter auf dem Herd erhitzen und das Öl und die Butter hineingeben.
2. Den Rippenbraten rundherum großzügig mit Salz und Pfeffer würzen und von allen Seiten goldbraun anbraten. Wieder herausheben.
3. In einer Schüssel den grünen Pfeffer zerstoßen und mit dem Senf und den gehackten Kräutern verrühren. Das Eiweiß sehr steif schlagen und unter die Pfeffer-Kräuter-Mischung ziehen. Das Fleisch rundherum dick mit der Masse einstreichen und mit den Weißbrotbröseln bestreuen.
4. Die Pfanne oder den Bräter erneut erhitzen, das Fleisch einlegen und die Brotbrösel leicht mit dem Bratfett beträufeln. In den Ofen schieben und für rare (blutig) 10–12 Minuten (oder nach gewünschter Garstufe) braten. Das Fleisch sollte auf jeden Fall eine schöne Kruste bilden. Den Braten aus dem Ofen nehmen und einige Zeit ruhen lassen. Zum Servieren in dicke Scheiben schneiden.

Rib-Steak mit Essig, Schalotten und Kräutern

Bei diesem Gericht wird eine dicke, saftige Steakscheibe für zwei Personen aus der Hochrippe auf französische Art am Knochen mit Kräutern in Butter gebraten und dann mit dem würzigen Bratensaft, verkocht mit hochwertigem Essig, überzogen.

FÜR 2 PERSONEN

750 g Rib-Steak (Hochrippe mit Knochen)
Salz und frisch gemahlener schwarzer Pfeffer
1 TL frische Thymianblättchen
45 ml Pflanzenöl
50 g Butter
4 Schalotten, geschält, fein gewürfelt
125 ml hochwertiger Rotweinessig
75 ml Rotwein
150 ml kräftiger Rinderfond (siehe Seite 141)
1 EL gehackte glatte Petersilie
½ TL Dijon-Senf

1. Den Ofen auf 220 °C vorheizen. Das Rib-Steak rundherum kräftig mit Salz und Pfeffer würzen, mit dem Thymian einreiben und 30 Minuten ruhen lassen.
2. Das Öl in einer ofenfesten Pfanne mit schwerem Boden auf dem Herd erhitzen, das Fleisch einlegen und von allen Seiten scharf anbraten.
3. Die Hälfte der Butter zugeben, die Pfanne in den Ofen schieben und das Fleisch je nach Dicke und gewünschtem Gargrad 5–10 Minuten von jeder Seite braten. Zwischendurch immer wieder mit dem Bratfett überziehen und darauf achten, dass die Butter nicht verbrennt.
4. Das Fleisch aus dem Ofen nehmen, warm stellen und ruhen lasen (siehe Seite 9).
5. Das Bratfett aus der Pfanne weggießen, die restliche Butter hineingeben und die Schalotten darin 2–3 Minuten farblos anschwitzen. Den Essig, den Wein und den Fond zugießen und 5 Minuten einkochen lassen. Die Petersilie und den Senf unterrühren und die Sauce abschmecken.
6. Das Rib-Steak quer zur Faser in dicke Scheiben schneiden, auf einer Platte anrichten und mit der Sauce übergießen. Oder die Sauce separat dazu reichen. Als Beilage empfehle ich gebratene neue Kartoffeln und Brokkoli oder ein anderes Gemüse.

Rib-Steak mit gereiftem Essig, Schalotten und Kräutern

Rippenbraten und Yorkshire Puddings mit Thymian

Ein traditioneller Rippenbraten muss außen schön knusprig, innen aber zart und saftig sein. Nur dann werden Sie verstehen, warum wir Briten ihn so gern essen. Der Bratensaft wird mit einem Schuss Port oder Sherry verkocht zu einer delikaten Sauce.

FÜR 8 PERSONEN
1 Rippenbraten von 2 kg (Hochrippe), küchenfertig vorbereitet
Salz und frisch gemahlener schwarzer Pfeffer
100 ml Olivenöl

FÜR DIE BRATENSAUCE
400 ml kräftiger Rinderfond (siehe Seite 141)
1 EL Johannisbeergelee
2 EL Maisstärke
100 ml Portwein oder Sherry

1 Den Ofen auf 220 °C vorheizen. Das Rippenstück rundherum großzügig mit Salz und Pfeffer einreiben. Das Öl in einem großen Bräter auf dem Herd erhitzen und das Fleisch von allen Seiten braun anbraten. In den Ofen schieben und 1 Stunde 20 Minuten für *medium rare* (rosa bis blutig) oder nach gewünschtem Gargrad braten.
2 Den Braten aus dem Bräter heben und mit Alufolie abgedeckt an einem warmen Ort ruhen lassen.
3 Überschüssiges Bratfett im Bräter weggießen (und – natürlich! – für Bratkartoffeln verwenden), den Fond hineingeben und den Bratensatz vom Boden losrühren; 5 Minuten köcheln lassen und dann das Johannisbeergelee einrühren.
4 Die Maisstärke in dem Port oder Sherry auflösen und unter die Sauce rühren. Die Sauce aufkochen, bis sie gebunden hat, abschmecken und durch ein Sieb in eine Sauciere gießen.
5 Mit den Yorkshire Puddings (siehe unten) und der Sauce servieren.

Yorkshire Puddings mit Thymian

250 g Mehl, mit 5 g Backpulver vermischt
1 Prise Salz
2 große Eier
250 ml Milch
1 TL frische Thymianblättchen
Salz und frisch gemahlener schwarzer Pfeffer
Etwas Öl zum Einfetten

1 Das Mehl mit dem Salz in einer Rührschüssel vermischen. Die Eier hineinschlagen und die Zutaten mit einem Handrührgerät zu einer festen Masse verarbeiten. Etwas Milch zugießen und glatt rühren.
2 Die Teigmasse würzen, die restliche Milch, 250 ml Wasser und den Thymian einarbeiten. 1 Stunde ruhen lassen.
3 Ofen erneut auf 220 °C vorheizen. acht Förmchen eines Muffinblechs leicht einölen und in den heißen Ofen schieben, bis sie zu rauchen beginnen. Den Teig drei Viertel hoch einfüllen und die Puddings 20–25 Minuten backen, bis sie aufgegangen und knusprig sind. Sofort aus den Förmchen lösen und zum Braten servieren.

Gefüllter Rinderbraten mit Steinpilzen, Walnüssen und Rosinen

Für dieses Gericht wird das Hochrippenstück ausgelöst (bitten Sie Ihren Fleischer darum), was das Tranchieren zum Kinderspiel macht. Und wenn Sie den Braten zuvor etwas ruhen lassen, geht es noch leichter und das Fleisch bleibt schön saftig.

FÜR 8–10 PERSONEN

1 EL getrocknete Steinpilze, 20 Minuten in 200 ml heißem Wasser eingeweicht
120 g durchwachsener Speck, gewürfelt
75 g Butter
1 Zwiebel, geschält, fein gewürfelt
1 Knoblauchzehe, zerdrückt
400 g Champignons, geputzt, gehackt
50 g Rosinen
75 g Walnusskerne, gehackt
125 g frische Weißbrotbrösel
Abgeriebene Schale von ¼ unbehandelten Zitrone
3 EL gehackte glatte Petersilie
Salz und frisch gemahlener schwarzer Pfeffer
4 kg ausgelöster Rippenbraten (Hochrippe)
2 EL Sonnenblumenöl
125 ml Madeira
600 ml kräftiger Rinderfond (siehe Seite 141)
2 EL Maisstärke, verrührt mit 2 EL Madeira

1 Die eingeweichten Steinpilze gut abtropfen lassen, anschließend fein hacken; das Einweichwasser zurückbehalten.
2 Für die Füllung eine große Pfanne auf dem Herd erhitzen, den Speck darin auslassen und knusprig braten. 50 g der Butter, die Zwiebel, den Knoblauch und die Champignons zugeben und bei starker Hitze braten, bis alle Zutaten Farbe genommen haben.
3 Die gehackten Steinpilze, die Rosinen, die Walnüsse, die Weißbrotbrösel und die Zitronenschale hinzufügen, gut untermischen und weitere 2–3 Minuten garen. Das Steinpilzwasser und die Petersilie untermengen, die Füllung kräftig mit Salz und Pfeffer abschmecken und in einer Schüssel abkühlen lassen.
4 Den Ofen auf 200 °C vorheizen. Den Rippenbraten an der Oberseite über die gesamte Länge bis zur Fleischmitte aufschneiden, vorsichtig aufklappen und innen großzügig würzen.
5 Die Füllung in der Mitte des Bratens auftragen und fest andrücken, sodass sie einen kompakten Strang bildet. Den Braten wieder verschließen, in Abständen von 5 cm mit Küchengarn fest verschnüren und auch von außen kräftig würzen.
6 Das Öl in einem großen Bräter auf dem Herd erhitzen, das Fleisch 5–6 Minuten von allen Seiten bräunen und dann im Ofen 1 Stunde 45 Minuten für *rare* (blutig) oder nach gewünschtem Gargrad braten. Den Braten auf eine Platte heben und mit Alufolie bedeckt warm stellen.
7 Überschüssiges Fett aus dem Bräter weggießen, den Bratensatz mit dem Madeira und dem Fond ablöschen und 6–8 Minuten einkochen lassen. Die restliche Butter unterschlagen, die Sauce mit der aufgelösten Stärke binden und durch ein Sieb passieren. Den Braten tranchieren und mit der Sauce servieren. Als Beilage passen grüne Bohnen und Petersilienkartoffeln.

Gefülltes Rinderfilet mit Pecorino und Rosmarin-Pesto

Gefüllte Braten machen immer großen Eindruck und bei diesem italienisch angehauchten Filet ist Ihnen der Beifall Ihrer Gäste gewiss.

FÜR 6 PERSONEN
1 kg Rinderfilet
Salz und frisch gemahlener schwarzer Pfeffer
100 g Pecorino, in 1 cm dicke Stäbchen geschnitten
225 g dünne Scheiben Parmaschinken
2 EL Sonnenblumenöl

FÜR DAS PESTO
2 EL gehackte frische Rosmarinblätter
20 frische Basilikumblätter
2 Knoblauchzehen, zerdrückt
6 EL Olivenöl
2 EL geriebener Parmesan

1 Für das Pesto die Kräuter, den Knoblauch und das Öl im Mixer zu einer groben Paste verarbeiten. In eine Schüssel geben, den Parmesan unterrühren und abschmecken. 100 ml Pesto für die Füllung abnehmen, den Rest für einen anderen Zweck kalt stellen.
2 Das Filet auf die Arbeitsfläche legen und mit einem scharfen Messer der Länge nach bis 2,5 cm an die Enden heran eine 5 cm tiefe Tasche einschneiden. Die Tasche von innen mit Salz und Pfeffer würzen.
3 Die untere Taschenhälfte über die gesamte Länge gleichmäßig mit der Hälfte des Pestos bestreichen. Die Käsestäbchen darauflegen und mit dem restlichen Pesto bedecken. Behutsam andrücken und das Filet rundherum vollständig mit den Schinkenscheiben umwickeln.
4 Das Filet mit Küchengarn verschnüren und für 1 Stunde in den Kühlschrank legen.
5 Den Ofen auf 200 °C vorheizen. Das Öl in einem Bräter auf dem Herd erhitzen, das Filet von allen Seiten anbraten und dann im Ofen 40 Minuten für *rare* (blutig) oder nach gewünschtem Gargrad braten. Vor dem Anschneiden etwas ruhen lassen.

Rinderfilet mit Dilljoghurt

Ein edles Stück Rindfleisch ist alles, was man braucht, um Gäste glücklich zu machen. Es ist schnell zubereitet, noch schneller tranchiert und passt zu allen möglichen Saucen und Dips (Sie finden einige auf den Seiten 138–141).

FÜR 6 PERSONEN

800 g Rinderfilet am Stück, sauber pariert
2 EL Sonnenblumenöl
Salz und frisch gemahlener schwarzer Pfeffer

FÜR DEN DILLJOGHURT

100 g Vollmilchjoghurt
2 EL Meerrettichsauce
½ TL Dijon-Senf
2 EL gehackte frische Dillspitzen

1 Den Ofen auf 240 °C vorheizen. Das Filet in Abständen von 2,5 cm mit Küchengarn in Form binden.

2 Das Öl in einem Bräter auf dem Herd erhitzen. Das Filet kräftig würzen und rundherum braun anbraten. In den Ofen schieben und 16–18 Minuten für *rare* (blutig) oder nach gewünschtem Gargrad braten. Herausnehmen und auf Raumtemperatur abkühlen lassen.

3 Sämtliche Zutaten für den Dilljoghurt verrühren und abschmecken.

4 Das Rinderfilet in Scheiben schneiden und servieren. Den Joghurtdip separat dazu reichen. Als Beilage empfehle ich gebackene neue Kartoffeln und Zuckerschoten.

Chateaubriand im Salzteig
mit Kräutern

In dieser Teigkruste wird das Fleisch wunderbar zart und saftig und schmeckt überhaupt nicht salzig, wie man eigentlich annehmen würde. Brechen Sie die Kruste erst am Tisch auf, so erzielen Sie einen besonders wirkungsvollen Effekt. Das Meersalz sollte von allererster Qualität sein. In Großbritannien gilt Maldon Sea Salt als das beste.

FÜR 4 PERSONEN
450 g Mehl
100 g grobes Meersalz
1 großes Ei
2 Chateaubriands, je 480 g
Salz und frisch gemahlener schwarzer Pfeffer
2 EL Sonnenblumenöl
1 Handvoll gemischte frische Kräuter (z. B. Rosmarin, Thymian, Salbei, Oregano, Petersilie), fein gehackt
Verschlagenes Ei zum Bestreichen

1. Den Ofen auf 200 °C vorheizen. Für den Salzteig, das Mehl und das Salz in einer Schüssel vermengen. In der Mitte eine Mulde bilden, das Ei und 175 ml eiskaltes Wasser hineingeben und sämtliche Zutaten zu einem homogenen Teig verkneten. In Frischhaltefolie wickeln und 30 Minuten in den Kühlschrank legen.
2. Die beiden Chateaubriands kräftig mit Salz und Pfeffer würzen. Das Fleisch mit dem Öl einreiben, anschließend sorgfältig in der Kräutermischung wenden.
3. Eine Pfanne sehr heiß werden lassen, das Fleisch darin etwa 5 Minuten von allen Seiten braun anbraten, anschließend 10 Minuten abkühlen lassen.
4. Den Salzteig auf einer bemehlten Arbeitsfläche zu zwei Quadraten mit 20 cm Kantenlänge ausrollen. Die Chateaubriands jeweils in die Mitte eines Quadrates legen und vollständig in den Teig einschlagen. Die Ränder zum Versiegeln fest zusammendrücken. Die Teigpakete rundherum mit dem verschlagenen Ei einpinseln und mit der Naht nach unten auf ein mit Backpapier belegtes Backblech geben. Im Ofen für *rare* (blutig) 18–20 Minuten oder nach gewünschtem Gargrad backen. Aus dem Ofen nehmen und vor dem Servieren noch 10 Minuten ruhen lassen.
5. Die Kruste aufbrechen, das Fleisch herauslösen, in dicke Scheiben schneiden und servieren.

Rinderfilet in Pfeffer-Kräuter-Melasse mariniert

Dies ist ein sehr reizvolles Gericht, das ich meinem Freund und Kollegen Dean Fearing aus Texas abgeguckt habe. Das Fleisch wird zuvor mit Kräutern und schwarzem Pfeffer in Melasse, die Sie im gut sortierten Naturkostladen oder Reformhaus bekommen, mariniert, was ihm eine schöne dunkle Farbe und ein würziges Aroma verleiht. Dean schneidet das Filet vor dem Braten gewöhnlich zu Steaks, ich gare es lieber im Ganzen und tranchiere es erst vor dem Servieren – beides schmeckt hervorragend.

FÜR 6 PERSONEN

1 kg Rinderfilet aus dem Mittelstück, überschüssiges Fett entfernt
175 ml Melasse
2 EL Balsamico-Essig
2 EL grob zerstoßener schwarzer Pfeffer
2 Knoblauchzehen, zerdrückt
5 cm frischer Ingwer, geschält, gerieben
1 TL frische Thymianblättchen
1 TL getrocknete Chiliflocken
2 EL Sonnenblumenöl

FÜR DIE SAUCE

2 EL Weißweinessig
250 ml kräftiger Rinderfond (siehe Seite 141)
3 EL der zurückbehaltenen Marinade

1 Das Filet in eine große Schüssel legen. In einer zweiten Schüssel die Melasse, den Essig, den Pfeffer und alle anderen Zutaten außer dem Sonnenblumenöl verrühren und über das Fleisch gießen. Das Filet sorgfältig in der Marinade wenden und mit Frischhaltefolie abgedeckt 24 Stunden im Kühlschrank marinieren. Gelegentlich wenden.

2 Den Ofen auf 200 °C vorheizen. Das Fleisch aus der Marinade heben; die Marinade zurückbehalten. Das Öl in einem Bräter auf dem Herd erhitzen und das Filet von allen Seiten etwa 3–4 Minuten scharf anbraten, bis es gut gebräunt ist.

3 Den Bräter in den Ofen schieben und das Fleisch 30 Minuten für *rare* (blutig) oder nach gewünschtem Gargrad braten. Herausheben, warm stellen und ruhen lassen.

4 Für die Sauce den Bräter zurück auf den Herd stellen, den Essig zugießen, 2 Minuten einkochen lassen und dabei den Bratensatz vom Boden losrühren. Den Fond und 3 Esslöffel der zurückbehaltenen Marinade hinzufügen und 8–10 Minuten sämig einkochen lassen.

5 Das Rinderfilet in dicke Scheiben schneiden und mit der Sauce servieren. Dazu passen ein Püree aus gelbfleischigen Süßkartoffeln, gebratene Zwiebeln und Champignons – köstlich!

Skirt-Steak mit Rotweinsauce à la marchand de vin

Richtig zubereitet, haben Skirt-Steaks meiner Meinung nach von allen Steaks den kräftigsten Geschmack, obwohl das Fleisch als wenig edel gilt und in vielen Küchen als Steakfleisch kaum bekannt ist. Ein Skirt-Steak muss unbedingt blutig gebraten werden, damit es wirklich ein Genuss ist.

FÜR 4 PERSONEN

1 kg Skirt-Steak (Saumfleisch oder Nierenzapfen)
Salz und frisch gemahlener schwarzer Pfeffer
2 EL Olivenöl
1 kleines Bund frischer Thymian
25 g Butter
4 Schalotten, geschält, fein gewürfelt
450 ml guter Rotwein
150 ml kräftiger Rinderfond (siehe Seite 141)

1 Den Ofen auf 230 °C vorheizen. Das Fleisch rundherum mit Salz und Pfeffer würzen.

2 Das Olivenöl in einem Bräter auf dem Herd stark erhitzen und das Fleisch darin von allen Seiten scharf anbraten und bräunen. Mit der Hälfte des Thymians bedecken, in den Ofen schieben und 8–10 Minuten für *rare* (blutig) braten (ein anderer Gargrad ist – wie oben erwähnt – nicht empfehlenswert). Herausnehmen, warm stellen und 10 Minuten ruhen lassen.

3 Für die Sauce die Hälfte der Butter in einer Pfanne aufschäumen, die Schalotten mit dem restlichen Thymian hineingeben und die Schalotten in etwa 2 Minuten weich schwitzen.

4 Den Rotwein zugießen, rasch zum Kochen bringen und um mehr als die Hälfte auf eine sirupartige Konsistenz einkochen lassen. Den Fond zugeben und erneut um die Hälfte reduzieren. Den Thymian herausfischen und die restliche Butter unterschlagen.

5 Zum Servieren das Fleisch schräg in Scheiben schneiden und mit der Sauce übergießen.

Rinderfilet in Pfeffer-Kräuter-Melasse mariniert

Filet Wellington

Für dieses Gericht verwende ich das Mittelstück aus dem Filet, da es gleichmäßig gart. Die Engländer reklamieren die Erfindung dieses großen Klassikers für sich. Das sehen die Franzosen allerdings anders. Sie nennen es *Bœuf en croûte* (Rindfleisch im Teigmantel). So oder so ein echter Hochgenuss und ein todsicherer Erfolg bei jedem Abendessen mit Freunden.

FÜR 6 PERSONEN
50 g Butter
3 Schalotten, geschält, fein gewürfelt
250 g Shiitake-Pilze, geputzt, fein gehackt
100 ml trockener Weißwein
50 g frische Weißbrotbrösel
Salz und frisch gemahlener schwarzer Pfeffer
2 EL Sonnenblumenöl
1 kg Rinderfilet aus dem Mittelstück
600 g Blätterteig (Fertigprodukt)
Verschlagenes Ei zum Bestreichen
150 ml Madeira
100 ml kräftiger Rinderfond (siehe Seite 141)
1 TL Pfeilwurzelmehl, verrührt mit 1 TL Madeira

1 Den Ofen auf 190 °C vorheizen. Die Butter in einer Pfanne aufschäumen und die Schalotten bei schwacher Hitze 2–3 Minuten anschwitzen. Die Temperatur erhöhen, die Pilze zugeben und weitere 5 Minuten braten, bis sie weich sind. Den Weißwein zugießen und 2 Minuten einkochen lassen, dann die Brotbrösel untermengen und mit Salz und Pfeffer würzen. Die Mischung in der Küchenmaschine grob durchmixen und abkühlen lassen.
2 Das Öl in einer zweiten Pfanne erhitzen, das Filet würzen und von allen Seiten (auch die Enden) scharf anbraten, bis es gut gebräunt ist.
3 Den Blätterteig zu einem Rechteck ausrollen, in dem sich das Fleisch vollständig einschlagen lässt. Die Kanten begradigen, die Abschnitte für Dekorationszwecke zurücklegen. Die Pilzmischung gleichmäßig auf dem Teig verteilen; einen 3 cm breiten Rand unbedeckt lassen und mit etwas verschlagenem Ei bestreichen.
4 Das Filet auf die Pilzmasse legen und behutsam, aber fest in den Teig einwickeln. Die Teignaht kräftig andrücken und die Enden nach unten einschlagen. Das Paket mit der Naht nach unten auf ein mit Backpapier belegtes Backblech legen und großzügig mit dem Ei bestreichen. Mit den Teigabschnitten gitterartig verzieren und auch diese mit Ei bepinseln. Den Teig zuletzt mit einem Holzspießchen mehrfach einstechen, damit beim Backen der Dampf entweichen kann.
5 Das Filet im Ofen 30–35 Minuten für *medium rare* (rosa bis blutig) oder nach gewünschtem Gargrad backen. Auf ein Tranchierbrett heben und vor dem Anschneiden 5 Minuten ruhen lassen.
6 Für die Sauce den Madeira mit dem Fond auf die Hälfte reduzieren und mit dem angerührten Pfeilwurzelmehl binden. Abschmecken und zu dem Filet servieren.

Rindfleischröllchen mit Knoblauchbutter nach Art der Cajun

Zwar gibt es in manchen Feinkostläden Cajun-Gewürzmischungen fertig zu kaufen, doch oft sind sie geschmacklich eine Enttäuschung. Darum bereite ich lieber meine eigene Mischung zu.

FÜR 4 PERSONEN

1,5 kg Flanke (Rinderdünnung, Bauchlappen)
2 TL Knoblauchsalz
1 TL Knoblauchpulver
2 TL Cayennepfeffer
1 TL Paprikapulver
1 TL gemahlener weißer Pfeffer
1 TL gemahlener schwarzer Pfeffer
1 TL getrockneter Thymian
1 TL getrockneter Oregano
2 EL Olivenöl

FÜR DIE KNOBLAUCHBUTTER

50 g Butter
2 Knoblauchzehen, zerdrückt
1 EL gehackte glatte Petersilie
2 EL Worcestersauce

1. Das Fleisch seitlich aufschneiden, jedoch nicht durchtrennen, zwischen zwei Lagen Frischhaltefolie ausbreiten und mit einem Fleischklopfer oder Rollholz auf etwa 1 cm flach klopfen. Die Oberseite mit einem kleinen Messer kreuzweise einritzen, damit die Gewürze eindringen können.
2. Sämtliche Gewürze in einer Schüssel vermengen und mit dem Olivenöl von beiden Seiten gründlich in das Fleisch einreiben. Bei Raumtemperatur 1 Stunde marinieren.
3. Den Ofen auf maximaler Stufe vorheizen. Das Fleisch fest zusammenrollen und in Abständen von 2,5 cm mit Küchengarn verschnüren.
4. Eine große ofenfeste Pfanne sehr heiß werden lassen. Die Fleischrolle einlegen und rundherum scharf anbraten, bis sie überall gut gebräunt ist (dabei entsteht eine Menge Rauch, also gut lüften oder einen Deckel auflegen).
5. Die Pfanne in den Ofen schieben und das Fleisch 10–12 Minuten oder je nach gewünschtem Gargrad braten. Herausnehmen und 5 Minuten ruhen lassen.
6. Für die Knoblauchbutter eine zweite Pfanne sehr heiß werden lassen. Die Butter darin aufschäumen, den Knoblauch und die Petersilie zugeben und garen, bis sich die Butter leicht bräunlich färbt und nussartig duftet. Die Worcestersauce unterrühren. Zum Servieren das Fleisch vom Küchengarn befreien, in dicke Scheiben schneiden und mit der Knoblauchbutter übergießen.

Mechoui vom Rind

Mechoui ist eigentlich eine Spezialität aus dem Maghreb, für die ein ganzes Lamm am Spieß über Holzkohleglut gebraten wird. Das Fleisch – hier ist es Rinderhüfte – wird zuvor mit einer Würzpaste eingerieben und dann ganz langsam gegart, bis es förmlich zerfällt.

FÜR 6–8 PERSONEN

1,25 kg Rinderhüfte mit Fettauflage
4 EL Olivenöl
175 g weiche Butter
3 Knoblauchzehen, zerdrückt
2 TL Paprikapulver
3 TL gemahlener Kreuzkümmel
1 TL getrocknete Chiliflocken
Salz
1 großzügige Prise gemahlener Zimt
1 Prise gemahlene Kurkuma

1 Das Fleisch mit einem kleinen scharfen Messer rundherum in Abständen von 5 cm mit kleinen Einschnitten versehen und in einen Bräter legen.
2 Aus den restlichen Zutaten eine Würzpaste herstellen und diese in die gesamte Fleischoberfläche und in die Einschnitte einreiben. Zugedeckt an einem kühlen Ort 6–8 Stunden marinieren und gelegentlich wenden. Den Ofen auf 240 °C vorheizen.
3 Das Fleisch im Ofen 15 Minuten anbraten; 600 ml Wasser zugießen, die Temperatur auf 180 °C reduzieren und das Fleisch unter häufigem Wenden bis zu 3 Stunden braten, bis es sich mühelos mit den Fingern zerteilen lässt. Den Braten auf eine Servierplatte heben und 10 Minuten ruhen lassen.
4 Das Fleisch auf klassisch marokkanische Art mit warmem Fladenbrot und einer Mischung aus 1 Esslöffel Kreuzkümmel und 1 Teelöffel Salz zum Einstippen der Fleischstücke servieren.

Langsam gebratenes Roastbeef in Barolo

Barolo ist einer der ganz Großen unter den wunderbaren Weinen Italiens, ein charaktervoller, körperreicher Roter, der diesem langsam gebratenen Roastbeef zu einer erstklassigen Marinade und Sauce verhilft. Am besten marinieren Sie das Fleisch über Nacht.

FÜR 6 PERSONEN

1,25 kg Roastbeef ohne Knochen, mit etwa 3 mm Fettabdeckung
50 g fetter Speck, in dünne Streifen geschnitten
750 ml Barolo
1 Zwiebel, geschält, gewürfelt
1 Möhre, grob gehackt
2 Knoblauchzehen, zerdrückt
5 EL hochwertiger Rotweinessig
1 EL brauner Zucker
1 kleine Handvoll gemischte frische Kräuter (z. B. Rosmarin, Thymian, Salbei, Lorbeer)
Salz und frisch gemahlener schwarzer Pfeffer
4 EL Olivenöl

1 Das Roastbeef rundherum mit einem kleinen scharfen Messer mit tiefen Einschnitten versehen. Die Speckstreifen hineinstecken und das Fleisch in eine große Schüssel legen.
2 Für die Marinade sämtliche anderen Zutaten bis auf das Öl in einer zweiten Schüssel verrühren. Das Fleisch mit der Mischung übergießen, mit Frischhaltefolie abdecken und über Nacht im Kühlschrank marinieren.
3 Den Ofen auf 160 °C vorheizen. Das Roastbeef aus der Marinade heben und mit Küchenpapier trocken tupfen. Die Marinade durch ein Sieb passieren und zurückbehalten, ebenso das Gemüse und die Kräuter.
4 Das Olivenöl in einem großen Bräter auf dem Herd erhitzen. Den Braten einlegen und von allen Seiten braun anbraten. Das Fleisch wieder herausheben und in demselben Fett das zurückbehaltene Gemüse und die Kräuter Farbe nehmen lassen.
5 Das Roastbeef auf das Gemüse legen, mit der Hälfte der Marinade übergießen und im Ofen 1 Stunde 45 Minuten braten. Nach Bedarf weitere Marinade zugießen, damit das Fleisch ständig in der Flüssigkeit liegt.
6 Den Braten vor dem Tranchieren 5–10 Minuten ruhen lassen, mit dem Bratensaft übergießen und servieren.

Mechoui vom Rind

Bœuf Bourguignon

GESCHMORTES

Bœuf Bourguignon

Dieses Gericht ist zweifellos einer der großen kulinarischen Schätze des Burgund. Die Marinade verleiht dem Fleisch über Nacht ein würziges Wein- und Kräuteraroma. Die perfekte Beilage dazu ist ein Sellerie- oder Kartoffelpüree.

FÜR 4 PERSONEN

1 kg Rinderbug (Schaufelstück) oder Hüfte, in große Würfel geschnitten
1 Flasche guter Rotwein
3 Knoblauchzehen, zerdrückt
1 frisches Lorbeerblatt
2 Zweige frischer Thymian
2 EL Mehl
Salz und frisch gemahlener schwarzer Pfeffer
50 g Butter
1 Zwiebel, geschält, gewürfelt
1 Möhre, gehackt
200 ml kräftiger Rinderfond (siehe Seite 141)
200 g durchwachsener Speck oder Pancetta, in kurze Streifen geschnitten
200 g kleine Schalotten, geschält
200 g kleine Champignons, geputzt
2 EL Johannisbeergelee

1 Das Fleisch in einer großen Schüssel mit dem Wein, dem Knoblauch und den Kräutern vermengen. Mit Frischhaltefolie abdecken und mindestens 4 Stunden oder über Nacht im Kühlschrank marinieren.
2 Den Ofen auf 160 °C vorheizen. Das Fleisch aus der Marinade heben und mit einem sauberen Küchentuch trocken tupfen. Die Marinade durchseihen und beiseitestellen. Das Fleisch in dem Mehl wenden und mit Salz und Pfeffer würzen.
3 Die Hälfte der Butter in einem großen, ofenfesten Schmortopf aufschäumen. Das Fleisch von allen Seiten gut bräunen (gegebenenfalls portionsweise vorgehen). Die Zwiebel und die Möhre zugeben und weitere 5 Minuten garen.
4 Die Marinade und den Fond über das Fleisch und Gemüse gießen und zum Kochen bringen. Dabei ständig rühren, um den Bratensatz vom Topfboden zu lösen. Einen Deckel auflegen und alles 1½ Stunden im Ofen schmoren.
5 In einer Pfanne die restliche Butter aufschäumen, den Speck, die Schalotten und die Pilze darin braten, bis sie gut gebräunt und die Schalotten weich sind. Die Mischung zu dem Fleisch in den Schmortopf geben und weitere 30 Minuten im Ofen schmoren.
6 Überschüssiges Fett von dem Schmorsaft abschöpfen und das Johannisbeergelee unterrühren. Noch einmal abschmecken und servieren.

Steak Esterházy

Dieses Schmorgericht ist nach dem Grafen Esterházy benannt, einem fröhlichen Gemütsmenschen, der zu Zeiten der Donaumonarchie in Österreich-Ungarn häufiger Gast an der kaiserlichen Tafel war.

FÜR 4 PERSONEN

2 EL Olivenöl
4 Rumpsteaks oder Entrecôtes, je 75 g
Salz und frisch gemahlener schwarzer Pfeffer
1 EL Butter
2 Möhren, in 5 mm kleine Würfel geschnitten
2 Stangen Sellerie, in 5 mm kleine Würfel geschnitten
1 Zwiebel, geschält, gewürfelt
1 EL ungarisches Paprikapulver
1 EL Mehl
600 ml kräftiger Rinderfond (siehe Seite 141)
100 ml passierte Tomaten
2 EL sehr kleine Kapern, abgespült, abgetropft
1 EL Worcestersauce
4 EL Sauerrahm
Saft von ½ Zitrone

1 Den Ofen auf 200 °C vorheizen. Das Öl in einem ofenfesten Schmortopf auf dem Herd erhitzen. Die Steaks kräftig mit Salz und Pfeffer würzen und von beiden Seiten braun anbraten. Wieder herausheben und beiseitestellen.
2 Die Butter in dem Schmortopf aufschäumen und die Möhren, den Sellerie, die Zwiebel und das Paprikapulver 3–4 Minuten darin anschwitzen. Das Mehl einrühren und weitere 2 Minuten garen.
3 Den Fond und die passierten Tomaten zugeben und unter Rühren zum Kochen bringen. Die Kapern und die Worcestersauce untermischen und das Fleisch in die Sauce legen. Zugedeckt im Ofen 25–30 Minuten schmoren, bis Fleisch und Gemüse gar sind. Die Steaks aus der Sauce heben.
4 Den Sauerrahm unterrühren, die Sauce abschmecken und zuletzt den Zitronensaft unterrühren. Die Steaks wieder einlegen und servieren.

Steak Esterházy

In dunklem Bier geschmortes Rindfleisch mit Meerrettichklößen

Dies ist eines meiner Lieblingsschmorgerichte – ideal für kalte Winterabende. Das Fleisch muss ganz langsam gegart werden, damit es auf der Zunge zergeht. Ale ist bei uns groß in Mode. Hier verwende ich das eher seltene irische Ale, aber jedes andere kräftige dunkle Bier tut es auch. Dazu serviere ich junge, in Butter geschwenkte Möhren.

FÜR 4 PERSONEN

1 kg Rindfleisch zum Schmoren (Bug, Hüfte), von überschüssigem Fett befreit, in Scheiben geschnitten
2 EL Mehl
4 EL Sonnenblumenöl
2 Zwiebeln, geschält, in feine Ringe geschnitten
2 TL brauner Zucker
½ TL Senfpulver
1 EL Tomatenmark
1 TL frische Thymianblättchen
1 frisches Lorbeerblatt
600 ml kräftiges dunkles Bier, vorzugsweise irisches Ale
Salz und frisch gemahlener schwarzer Pfeffer
Gehackte glatte Petersilie zum Garnieren

FÜR DIE KLÖSSE

100 g frische Weißbrotbrösel
100 g Mehl, plus Mehl zum Bestäuben
100 g Rindertalg, in kleine Stücke geschnitten
1 TL Backpulver
1 TL fein gehackte frische Thymianblättchen
2 Eier, verschlagen
Meerrettichsauce (siehe Seite 141; oder ein Fertigprodukt)

1. Den Ofen auf 160 °C vorheizen. Die Fleischscheiben großzügig mit dem Mehl bestäuben.
2. Das Öl in einem ofenfesten Schmortopf auf dem Herd erhitzen und das Fleisch portionsweise von beiden Seiten braun anbraten. Wieder herausnehmen und beiseitestellen.
3. Die Zwiebeln in dem Öl bräunen, den Zucker, das Senfpulver, das Tomatenmark, den Thymian, das Lorbeerblatt und das Bier zugeben und zum Kochen bringen. Sparsam würzen, das Fleisch wieder einlegen und zugedeckt im Ofen 2–2 ¼ Stunden schmoren.
4. Inzwischen die Klöße zubereiten: Die Weißbrotbrösel, das Mehl, den Rindertalg, das Backpulver und den Thymian vermengen und mit Salz und Pfeffer würzen. Die verschlagenen Eier zugeben und alles zu einem homogenen Teig verarbeiten.
5. Aus dem Teig zwölf gleich große Klöße formen und mit etwas Mehl bestäuben, damit sie nicht aneinanderkleben. In jeden Kloß eine Mulde drücken und mit Meerrettichsauce füllen. Die Mulde wieder verschließen und durch Rollen der Klöße gut versiegeln. Beiseitestellen.
6. Die Klöße etwa 25 Minuten, bevor das Fleisch gar ist, in einem großen Topf mit kochendem Wasser gar ziehen lassen.
7. Die Fleischscheiben auf vorgewärmten Tellern anrichten und die Sauce darüberschöpfen. Mit den Meerrettichklößen garnieren, mit der Petersilie bestreuen und servieren.

Daube provençale

Ich verwende für diesen französischen Klassiker lieber Steaks aus der Hüfte statt Kammfleisch, wie es in der Provence üblich ist. Die Steaks werden mariniert und dann mit Rosmarin in einer Orangen-Rotweinsauce geschmort. In Frankreich nimmt man dafür eine *daubière*, einen hermetisch schließenden Topf – jeder andere ofenfeste Schmortopf ist aber ebenso geeignet.

FÜR 4 PERSONEN

4 Hüftsteaks, je 200 g und etwa 2 cm dick
750 ml guter Rotwein
2 Möhren, in große Würfel geschnitten
1 Zwiebel, geschält, geviertelt
2 EL Olivenöl
1 TL gehackte frische Rosmarinblätter
2 Knoblauchzehen, halbiert
2 frische Lorbeerblätter
Schale und Saft von 1 unbehandelten Orange
50 g Mehl
75 g durchwachsener Speck, fein gewürfelt
1 TL Tomatenmark
Salz und frisch gemahlener schwarzer Pfeffer

1. Die Steaks in eine Schüssel legen und mit dem Wein übergießen. Die Möhren, die Zwiebel, das Olivenöl, den Rosmarin, den Knoblauch, die Lorbeerblätter sowie Schale und Saft der Orange zugeben und über Nacht mit Frischhaltefolie abgedeckt im Kühlschrank marinieren.
2. Den Ofen auf 180 °C vorheizen. Das Fleisch, die Möhren und die Zwiebel aus der Marinade nehmen und mit einem sauberen Küchentuch trocken tupfen. Die Marinade mit den Kräutern zurückbehalten. Die Steaks mit dem Mehl bestäuben.
3. Einen ofenfesten Schmortopf auf dem Herd erhitzen und den Speck 5 Minuten darin bräunen. Die Steaks einlegen, von allen Seiten anbraten, wieder herausnehmen und beiseitestellen.
4. Die Möhren und die Zwiebel Farbe nehmen lassen, das Tomatenmark zugeben und 1 Minute mitgaren. Die Marinade zugießen und zum Kochen bringen.
5. Das Fleisch in die Sauce legen und zugedeckt im Ofen 1½–2 Stunden schmoren, bis es zart ist.
6. Das Fleisch herausnehmen und warm stellen. Die Sauce sämig einkochen und mit Salz und Pfeffer abschmecken. Das Fleisch mit der Sauce übergießen und servieren.

1 Den Ofen auf 200 °C vorheizen. Das Fleisch sorgfältig in dem Mehl wenden. Das Öl in einem ofenfesten Schmortopf auf dem Herd erhitzen und das Fleisch von allen Seiten braun anbraten. Wieder herausnehmen.
2 Die Butter in dem Topf aufschäumen, die Zwiebeln und Champignons hineingeben und 3–4 Minuten garen.
3 Das Fleisch zurück in den Topf geben, das Tomatenmark einrühren und weitere 2–3 Minuten garen. Die Worcestersauce und den Fond zugießen und zum Kochen bringen.
4 Die Kalbsnieren in kochendem Wasser 2 Minuten blanchieren. Kalt abschrecken und mit einem sauberen Küchentuch trocken tupfen.
5 Die Nieren zu dem Fleisch in den Topf geben und zugedeckt im Ofen 1–1 ¼ Stunden schmoren, bis das Fleisch zart ist.
6 Den Blätterteig auf einer bemehlten Arbeitsfläche als Deckel für die Form ausrollen. Die Rindfleisch-Nieren-Mischung in eine große Pie- oder Souffléform füllen und den Rand der Form mit Wasser benetzen.
7 Den Blätterteig behutsam über die Form legen, leicht andrücken und mit einer Gabel Löcher in den Teig stechen, damit beim Backen der Dampf entweichen kann. Überhängenden Teig am Rand abschneiden. Den Teigdeckel mit dem verschlagenen Ei bestreichen.
8 Die Pie in 20–25 Minuten im Ofen goldgelb backen.

ABWANDLUNG: PASTETE MIT AUSTERN

Im 18. Jahrhundert bereitete man diese Pastete auch gern mit Austern statt Nieren zu. Dazu lassen Sie die Nieren einfach weg und mischen vor dem Füllen der Form ein paar frisch ausgelöste Austern unter das Fleisch. Ansonsten verfahren Sie wie oben beschrieben.

Pastete mit Kalbsnieren

Diese Schüsselpastete ist ein Klassiker der englischen Küche – und einer, auf den wir Briten stolz sein können. Fragen Sie Ihren Fleischer nach Kalbsnieren, sie sind ein bisschen teurer als andere Nieren, schmecken aber gleich so viel besser. Hüfte oder Kamm sind hier die richtige Fleischwahl.

FÜR 6 PERSONEN

- 850 g Rinderhüfte oder Kamm ohne Knochen, in Scheiben geschnitten
- 2 EL Mehl
- 4 EL Sonnenblumenöl
- 25 g Butter
- 2 Zwiebeln, geschält, fein gewürfelt
- 200 g Champignons, geputzt
- 1 EL Tomatenmark
- 2 EL Worcestersauce
- 900 ml kräftiger Rinderfond (siehe Seite 141)
- 500 g Kalbsnieren, küchenfertig vorbereitet, in nussgroße Stücke geschnitten
- 400 g Blätterteig (Fertigprodukt)
- Verschlagenes Ei zum Bestreichen

»Cottage Pie« der etwas anderen Art

Cottage Pie ist eines der populärsten Gerichte der englischen Küche, ein echter Seelenwärmer an kalten Wintertagen. Stilbruch hin oder her, ich habe hier gehackten Lauch und körnigen Senf unter die Kartoffelmasse für die Kruste gemischt und die Fleischfüllung mit einem Schuss Rotwein abgerundet – probieren Sie es!

FÜR 4 PERSONEN

100 ml Olivenöl
2 Zwiebeln, geschält, fein gewürfelt
2 Möhren, fein gewürfelt
2 Pastinaken, fein gewürfelt
1 Knoblauchzehe, zerdrückt
1 TL getrockneter Oregano
750 g Rinderhüfte, sehr fein gewürfelt
Salz und frisch gemahlener schwarzer Pfeffer
1 Dose (400 g) gehackte Tomaten
200 ml kräftiger Rinderfond (siehe Seite 141)
100 ml Rotwein
2 EL Tomatenketchup
2 TL gehackte glatte Petersilie
½ TL gemahlener Piment
1 Spritzer Worcestersauce

FÜR DIE KARTOFFELKRUSTE

750 g mehlige Kartoffeln, geschält
125 ml Milch
25 g Butter, plus Butterflöckchen zum Überbacken
1 Stange Lauch, fein gehackt
2 EL körniger Senf
2 Eigelb

1 Den Ofen auf 200 °C vorheizen. Die Hälfte des Olivenöls in einer großen Pfanne erhitzen. Die Zwiebeln, die Möhren, die Pastinaken, den Knoblauch und den Oregano zugeben und etwa 10 Minuten anschwitzen, bis das Gemüse weich ist. In eine Schüssel umfüllen.
2 Das restliche Öl in der Pfanne erhitzen, das Fleisch würzen und in 6–8 Minuten rundherum bräunen.
3 Die Tomaten, den Fond, den Wein, den Ketchup, die Petersilie, den Piment und die Worcestersauce zugeben und 5 Minuten garen. Das Gemüse untermengen und die Mischung 15 Minuten köcheln lassen.
4 Für die Kruste die Kartoffeln in Salzwasser weich kochen, gut abtropfen lassen und mit der Milch zerstampfen. Die Butter in einer kleinen Pfanne aufschäumen und den gehackten Lauch darin 3–4 Minuten anschwitzen. Unter die Kartoffelmasse mengen, dann den Senf und die Eigelbe einarbeiten und die Masse mit Salz und Pfeffer abschmecken.
5 Die Fleisch-Gemüsemischung in eine große Auflaufform füllen und mit der Lauch-Kartoffelmasse bedecken. Butterflöckchen darüber verteilen und im Ofen 15–20 Minuten goldbraun und knusprig überbacken. Mit einem grünen Gemüse als Beilage servieren.

Kornische Fleischpastetchen

Die besonders im Südwesten Englands beliebten *cornish pasties* verdanken wir der Tradition des Zinnbergbaus in Cornwall. Die mit Rindfleisch – gewöhnlich Saumfleisch –, Kartoffeln und anderem Gemüse gefüllten Pastetchen waren ursprünglich als stärkende Mahlzeit für die Bergleute gedacht. Damals waren die Taschen auf der einen Seite mit einer würzigen Fleischmischung und auf der anderen Seite mit Apfel, Marmelade oder Sirup gefüllt – Hauptgang und Nachtisch in einem! Heute verwendet man nur allerbestes Rindfleisch für die kleinen Pastetchen, deren Popularität nach wie vor ungebrochen ist. Für einen optimalen Teig müssen Schmalz und Butter eiskalt sein, also eventuell eine Weile in den Gefrierschrank legen.

FÜR 4 PERSONEN

FÜR DIE FÜLLUNG
450 g Skirt-Steak (Saumfleisch, Nierenzapfen) oder Hüfte
750 g neue Kartoffeln, geschält
400 g Steckrüben, geschält
1 große Zwiebel, geschält, fein gewürfelt
Salz und frisch gemahlener schwarzer Pfeffer
Etwas verschlagenes Ei zum Bestreichen

FÜR DEN TEIG
450 g Mehl
1 Prise Salz
100 g harte Butter
100 g Schweineschmalz

1 Für den Teig das Mehl mit 1 großzügigen Prise Salz in eine Schüssel sieben. Die Butter und das Schmalz in kleine Stücke schneiden und in das Mehl reiben, bis eine feine, krümelige Masse entstanden ist. Den Teig auf eine leicht bemehlte Arbeitsfläche häufen und in der Mitte eine Mulde bilden. Nach und nach etwa 175 ml Wasser zugießen und alles zu einem geschmeidigen, aber kompakten Teig verkneten.
2 Das Fleisch sehr fein würfeln und in eine Schüssel geben. Die Kartoffeln und die Steckrüben ebenfalls fein würfeln und mit der Zwiebel unter das Fleisch mengen. Mit Salz und Pfeffer würzen und gut durchmischen.
3 Den Teig in vier gleich große Teile teilen und das erste Teigstück zu einem Kreis von der Größe eines kleinen Tellers ausrollen. In die Mitte etwa ein Viertel der Füllung setzen und den Rand rundherum mit etwas Wasser oder Milch befeuchten. Die Teigränder über der Füllung zusammenführen, fest zusammendrücken und von einem Ende zum anderen wie mit einer Art Borte versiegeln. Die drei anderen Teigportionen in gleicher Weise verarbeiten. Die Pasteten 1 Stunde kalt stellen.
4 Den Ofen auf 180 °C vorheizen. Die Pasteten oben mit einem kleinen Einschnitt versehen, damit beim Backen der Dampf entweichen kann. Mit verschlagenem Ei bestreichen und mit etwas Abstand zueinander auf ein leicht eingefettetes Blech setzen.
5 Die Fleischpastetchen 50 Minuten backen, bis sie an der Unterseite braun und knusprig sind. In England trinkt man dazu ein gutes Bier oder Ale.

Schwedische Rouladen

Die Nordeuropäer und ganz besonders die Skandinavier lieben geschmortes Rindfleisch wie diese mit allen möglichen schmackhaften Zutaten gefüllten Rouladen aus Schweden, *oxrullader* genannt. Sie schmecken hervorragend zu Nudeln oder einem sahnigen Kartoffelpüree und Kohl.

FÜR 4 PERSONEN

600 g Rinderfilet, in 8 dünne Scheiben geschnitten
Salz und frisch gemahlener schwarzer Pfeffer
4 EL Dijon- oder schwedischer Senf
8 Scheiben durchwachsener Speck
1 Zwiebel, geschält, fein gewürfelt
2 süßsauer eingelegte Gurken, in Streifen geschnitten
50 g Butter
600 ml kräftiger Rinderfond (siehe Seite 141)
1 EL Sojasauce
2 EL Maisstärke
175 g Sahne
Nudeln als Beilage (nach Belieben)
Glatte Petersilie zum Garnieren

1 Die Filetscheiben mit einem Fleischklopfer oder Rollholz zwischen zwei Lagen Frischhaltefolie leicht flach klopfen. Die Scheiben auf die Arbeitsfläche legen, kräftig mit Salz und Pfeffer würzen und mit dem Senf bestreichen.

2 Jede Filetscheibe mit 2 Scheiben Speck, Zwiebelwürfeln und Gurkenstreifen belegen.

3 Die Filetscheiben behutsam, aber fest aufrollen, dabei seitlich einschlagen, damit die Füllung nicht austreten kann, und an der Naht mit kleinen Holzspießchen verschließen.

4 Die Butter in einer großen Pfanne erhitzen, die Rouladen einlegen und rundherum braun anbraten. Den Fond und die Sojasauce zugießen und zum Kochen bringen. Einen Deckel auflegen und die Rouladen 30–35 Minuten sanft schmoren (Sie können die Rouladen auch bei 180 °C im vorgeheizten Ofen garen).

5 Die Rouladen aus der Sauce heben und warm stellen.

6 Die Maisstärke in der Sahne auflösen, die Mischung in die Sauce einrühren und 5–6 Minuten köcheln lassen, bis sie sämig eingedickt ist. Abschmecken. Die Rouladen nach Belieben auf einem Nudelbett anrichten und mit der Petersilie garnieren. Die Sauce darüberschöpfen oder separat dazu reichen.

Pochiertes Salzfleisch mit Gemüse und Meerrettichsauce

Bei diesem Rezept habe ich die zum Einsalzen üblicherweise verwendete Oberschale oder Brust durch zartes Filet ersetzt. Es wird über Nacht in etwas Salz gepökelt und dann mit Gemüse in einer kräftigen Brühe pochiert.

FÜR 2 PERSONEN

1 Chateaubriand, 450–550 g
30 g grobes Salz, zerstoßener schwarzer Pfeffer
4 Zweige frischer Thymian
1 kleines Lorbeerblatt
1 l kräftiger Rinderfond (siehe Seite 141)
2 Möhren, längs halbiert
1 weiße Rübe, in Spalten geschnitten
2 Stangen Sellerie, in 5 cm lange Stücke geschnitten
1 Stange Lauch, in 2,5 cm lange Stücke geschnitten
15 g Butter
1 TL gehackte glatte Petersilie

ZUM SERVIEREN

150 ml Meerrettichsauce (siehe Seite 141)

1. Das Chateaubriand in eine Schüssel legen. Das Salz, ein wenig Pfeffer, die Hälfte des Thymians und das Lorbeerblatt zugeben. Das Fleisch mit der Mischung einreiben und zugedeckt im Kühlschrank 12 Stunden pökeln.
2. Das Fleisch unter fließendem Wasser abspülen und mit einem sauberen Küchentuch trocken tupfen.
3. Den Fond mit dem restlichen Thymian in einem Topf zum Kochen bringen. Die Hitze etwas reduzieren, das Gemüse hineingeben und bissfest garen. Herausheben und warm stellen.
4. Die Brühe erneut aufkochen, das Fleisch einlegen und knapp unter dem Siedepunkt 15 Minuten pochieren.
5. Für die Sauce 100 ml von der Brühe abnehmen und in einen zweiten Topf füllen. Die Butter darunterschlagen, die Petersilie einrühren und die Sauce abschmecken. (Die restliche Brühe für eine spätere Verwendung einfrieren.)
6. Das Chateaubriand in sechs Scheiben schneiden, mit dem Gemüse anrichten und mit der Sauce übergießen. Mit der Meerrettichsauce servieren.

Farsu Magru – Rinderrouladen auf sizilianische Art

Farsu magru bedeutet wörtlich übersetzt »mager gefüllt«, ein ungewöhnlicher Name für diese kleinen mit Käse und Kräutern gefüllten und in einer dicken Tomatensauce mit Rotwein geschmorten Rouladen aus Sizilien. Ich serviere dazu gern eine Polenta mit Gorgonzola. In anderen Regionen Italiens nennt man dieses Gericht *braciole*.

FÜR 4 PERSONEN

1,5 kg Oberschale vom Rind, in 5 mm dünne Scheiben geschnitten
350 g Rinderhackfleisch
75 g frische Weißbrotbrösel
100 g Hartkäse (vorzugsweise Provolone), gerieben
75 g Mortadella, gewürfelt
40 g Rosinen, 20 Minuten in heißem Wasser eingeweicht, abgetropft
2 hart gekochte Eier, fein gehackt
1 Knoblauchzehe, zerdrückt
40 g glatte Petersilie, gehackt
Olivenöl zum Garen
Salz und frisch gemahlener schwarzer Pfeffer
1 Zwiebel, geschält, fein gewürfelt
1 EL gehackter frischer Oregano
800 g Tomaten aus der Dose, gehackt
1 EL Tomatenmark
200 ml Rotwein

1. Die Fleischscheiben mit einem Fleischklopfer etwas flach klopfen.
2. Für die Füllung in einer Schüssel das Hackfleisch mit den Weißbrotbröseln, dem Käse, der Mortadella, den Rosinen, den Eiern, dem Knoblauch und der Petersilie sorgfältig vermengen.
3. Auf jede Fleischscheibe eine gleichmäßige Schicht der Füllmasse auftragen, die Seiten einschlagen und die Scheiben aufrollen. Die Nähte mit Holzspießen verschließen oder die Röllchen mit Küchengarn verschnüren.
4. In einem Schmortopf etwas Öl erhitzen, die Rouladen würzen und von allen Seiten anbraten. Sobald sie gut gebräunt sind, auf einen Teller heben.
5. In demselben Öl die Zwiebel und den Oregano 3–4 Minuten weich schwitzen. Die Tomaten, das Tomatenmark und den Rotwein sowie 200 ml Wasser zugeben und zum Kochen bringen.
6. Die Rouladen wieder einlegen, die Hitze reduzieren und das Fleisch zugedeckt bis zu 2 Stunden behutsam schmoren. Bei Bedarf noch etwas Wasser oder Wein zugeben; das Fleisch sollte stets mit Flüssigkeit bedeckt sein.
7. Holzspieße oder Küchengarn entfernen, die Rouladen auf einer cremigen Käse-Polenta anrichten und mit Sauce übergießen.

Thai-Rindfleischsalat

LEICHTE KÜCHE

Thai-Rindfleischsalat

In Thailand nennt man diesen wunderbar leichten und leckeren Salat *larb neua*. Er erinnert mich immer an die schöne Zeit, die ich in diesem großartigen Land verbracht habe.

FÜR 4 PERSONEN
Saft von 1 Limette
400 g Rib-Eye-, Rumpsteak oder Entrecôte, in kleine Würfel geschnitten oder grob gehackt
1 Eisbergsalat, von den äußeren Blättern befreit
75 g Buschbohnen, gegart
1 Möhre, geraspelt
4 Frühlingszwiebeln, in Streifen geschnitten
2 längliche Schalotten, geschält, in feine Ringe geschnitten
1 EL Korianderblätter
1 EL frische Minzeblätter
2 EL gerösteter Basmati-Reis (siehe rechts)

FÜR DAS DRESSING
1 grüne Chilischote
1 EL Palm- oder brauner Zucker
Abgeriebene Schale von 1 unbehandelten Limette, Saft von 4 Limetten
4 EL *nam pla* (Fischsauce; aus dem Asia-Laden)

1 Für das Dressing den Chili mit dem Zucker und der Limettenschale im Mörser zu einer Paste verarbeiten. Die Fischsauce und den Limettensaft unterrühren.
2 In einer Pfanne 4 Esslöffel Wasser mit dem Saft der Limette zum Kochen bringen. Das Rindfleisch zugeben und unter Rühren 3–4 Minuten garen; etwaige Klumpen mit dem Rührlöffel zerteilen. Das Fleisch, sobald es durchgegart ist, in eine Schüssel heben und abkühlen lassen.
3 Von dem Salat 4 schöne, kelchförmige Blätter zurücklegen, den Rest in feine Streifen schneiden und mit dem Gemüse und den Kräutern in dem vorbereiteten Dressing wenden. Falls nötig, noch etwas Fischsauce und Limettensaft zugeben.
4 In Portionsschalen das Fleisch und den Salat in den Salatblättern anrichten, mit dem gerösteten Basmati-Reis bestreuen und sofort servieren.

GERÖSTETER REIS
1 Den Ofen auf 180 °C vorheizen, Basmati-Reis auf einem Backblech verteilen und ohne Fettzugabe im Ofen 25 Minuten goldgelb rösten. Abkühlen lassen.
2 Den gerösteten Reis im Mörser zu einem groben Pulver zermahlen. Bis zur Verwendung in einem fest verschlossenen Gefäß aufbewahren.

Bistro-Steak-Salat

Dieser Salat vereint alle einfachen französischen Tafelfreuden auf einem Teller – ein gutes Steak, cremiger Roquefort und knuspriges Brot. Ein französischer Freund und Kollege hatte die Idee, ihn Bistro-Salat zu nennen. Genau das bringt es auf den Punkt.

FÜR 4 PERSONEN
650 g Flanke (Dünnung, Bauchlappen)
Salz und frisch gemahlener schwarzer Pfeffer
3 EL Olivenöl
1 EL Walnussöl
1 EL Rotweinessig
1 TL Dijon-Senf
75 g Blauschimmelkäse, zerkrümelt
2 Eiertomaten, grob gewürfelt
2 Stangen Staudensellerie, in dünne Scheiben geschnitten
1 EL Walnusskerne, grob gehackt
4 Handvoll gemischte Blattsalate
1 kleines Baguette

1 Einen Grill vorheizen oder eine Grillpfanne sehr heiß werden lassen. Die Steaks rundherum mit Salz und Pfeffer würzen und mit 1 Esslöffel Olivenöl einreiben. Das Fleisch 5–6 Minuten für rare (blutig) oder nach gewünschtem Gargrad grillen und anschließend ruhen lassen.
2 Inzwischen aus dem restlichen Olivenöl, dem Walnussöl, dem Essig und dem Senf ein Dressing zubereiten.
3 Ein Drittel des Roqueforts, die Tomaten, den Sellerie und die Walnüsse in eine Schüssel geben, mit dem Dressing übergießen und gut durchmischen. Zuletzt die Blattsalate zufügen und noch einmal behutsam durchheben.
4 Das Baguette in dünne Scheiben schneiden, auf dem Grill rösten oder toasten und unter den Salat heben. Den Salat auf vier Teller verteilen und den restlichen Roquefort darüberbröckeln.
5 Die Steaks auf den Salaten anrichten und sofort servieren.

Bistro-Steak-Salat

Rindfleischsalat mit Mango und Anis-Dressing

Rindfleischsalat mit Mango und Anis-Dressing

Dieser Salat schmeckt höllisch gut und ist ungemein erfrischend, je nachdem, wo Ihre Chili-Schmerzgrenze liegt. Das Fleisch muss in einer sehr heißen Pfanne oder im Wok ganz rasch sautiert werden, so entwickelt es eine feine Karamellnote. *Ketjap manis* erhalten Sie in jedem gut sortierten Asia-Laden.

FÜR 4 PERSONEN

500 g Flanke (Bauchlappen) oder Filetsteak, überschüssiges Fett entfernt, in dünne Scheiben geschnitten
125 ml *ketjap manis* (indonesische Sojasauce; aus dem Asia-Laden)
45 ml Pflanzenöl
2 Knoblauchzehen, zerdrückt
½ TL gemahlener Zimt
1 TL gemahlener Sternanis
2 EL brauner Zucker
1 EL *nam pla* (Fischsauce; aus dem Asia-Laden)
50 g Cashewkerne, geröstet, grob gehackt
1 grüne Mango, geschält, in dünne Streifen geschnitten
4 Frühlingszwiebeln, in dünne Streifen geschnitten
50 g frisches Thai-Basilikum, gehackt
50 g frische Minze, gehackt

1 Die dünnen Fleischscheiben in einer Schüssel mit dem *ketjap manis* übergießen, gut durchmischen und 30 Minuten marinieren.
2 Sämtliche Zutaten für das Dressing miteinander verrühren.
3 Das Öl in einem Wok oder einer großen Pfanne erhitzen. Den Knoblauch und die Gewürze hineingeben und 1 Minute unter Rühren braten.
4 Bei starker Hitze das Fleisch hinzufügen und 2 Minuten pfannenrühren. Den Zucker und die Fischsauce untermengen und das Fleisch rasch in der Mischung glasieren.
5 Das Fleisch in einer Schüssel mit dem Dressing übergießen. Die restlichen Zutaten zugeben und sorgfältig durchheben. Den Salat auf vier Tellern oder Schalen anrichten und warm servieren.

FÜR DAS DRESSING

20 g brauner Zucker
65 ml Sojasauce
2 EL süße Chilisauce
2 EL Limettensaft
2 TL *nam pla*
½ TL gemahlener Sternanis

Rindfleisch-Makkaroni-Salat mit Trüffelöl und Blauschimmeldressing

Eine leckere Art, kalte Fleischreste zu verarbeiten. Dank der Pasta wird aus diesem Salat ein sättigendes Hauptgericht.

FÜR 4 PERSONEN

300 g Makkaroni
Salz und frisch gemahlener schwarzer Pfeffer
Saft von 1 Zitrone
4 EL Olivenöl
1 rote Zwiebel, geschält, in feine Halbringe geschnitten
1 Möhre, in feine Streifen geschnitten
175 g Zuckerschoten, bissfest gegart
300 g gegartes kaltes Steakfleisch, in dünne Streifen geschnitten
150 g gemischte Blattsalate
75 g milder Blauschimmelkäse
4 EL Mayonnaise guter Qualität
4 EL Sauerrahm
1 EL Trüffelöl

1 In einem Topf die Makkaroni in sprudelnd kochendem Salzwasser nach Packungsanleitung al dente garen. In einem Sieb gut abtropfen lassen.
2 Die Nudeln in einer Schüssel mit dem Zitronensaft und dem Olivenöl vermengen, kräftig würzen und abkühlen lassen.
3 Das Gemüse, die Steakstreifen und die Blattsalate zugeben und sorgfältig durchheben.
4 Den Käse in einer zweiten Schüssel mit 3 Esslöffeln heißem Wasser glatt rühren. Die Mayonnaise und den Sauerrahm untermengen und mit etwas Salz und Pfeffer abschmecken.
5 Den Salat in Salatschalen aufschichten, mit dem Blauschimmeldressing übergießen und mit dem Trüffelöl beträufeln. Raumtemperiert servieren.

Rindfleisch-Tataki mit Zitronen-Sojasauce und Gemüse-Relish

Tataki nennt man in Japan Fleisch- oder Fischstücke, die leicht angebraten, nur kurz gegart, anschließend gekühlt, mariniert und zuletzt in dünne Scheiben geschnitten werden. Traditionelle Beilage ist geriebener Daikon-Rettich *(mouli)* mit Ingwer. Ich serviere dazu ein würziges Relish aus verschiedenem Gemüse, darunter süßsaure Gurken, Frühlingszwiebeln und Sojasauce. Das beste *tataki* liefern Filet und Roastbeef.

FÜR 4 PERSONEN

750 g sauber pariertes Filet oder Roastbeef
Salz und frisch gemahlener schwarzer Pfeffer
8 EL Sojasauce
2 EL Sonnenblumenöl
1 Knoblauchzehe, zerdrückt
4 EL Mirin (japanischer Reiswein)
2 EL brauner Zucker
Saft von 2 Zitronen
2 große süßsauer eingelegte Dillgurken, in dünne Streifen geschnitten
4 Frühlingszwiebeln, in dicke Streifen geschnitten
2 EL eingelegter rosa Ingwer in Scheiben
150 g Daikon-Rettich, ersatzweise normaler Rettich, fein geraspelt
15 g Shiso-Blätter (nach Belieben; aus dem Asia-Laden)
Zitronenspalten zum Servieren

1 Den Ofen auf 200 °C vorheizen. Das Fleisch salzen, pfeffern und mit 2 Esslöffeln der Sojasauce einreiben. Eine ofenfeste Pfanne auf großer Stufe erhitzen, das Sonnenblumenöl hineingeben und, sobald es raucht, das Filet oder Roastbeef darin unter häufigem Wenden von allen Seiten bräunen.
2 Das Fleisch in den Ofen schieben und 12–15 Minuten braten. Zum Prüfen des Gargrads am besten ein Fleischthermometer verwenden. Die Kerntemperatur sollte 55 °C betragen. Das Fleisch abkühlen lassen.
3 Inzwischen die restliche Sojasauce, den Knoblauch, den Mirin, den Zucker und den Zitronensaft in einer Schüssel verrühren. Das Fleisch hineinlegen und mit Frischhaltefolie abgedeckt im Kühlschrank 24 Stunden marinieren. Gelegentlich wenden.
4 Das Fleisch aus der Marinade heben (die Marinade zurückbehalten) und 30 Minuten auf Raumtemperatur erwärmen lassen. In Scheiben schneiden und fächerartig auf vier Tellern anrichten.
5 Die Gurken, die Frühlingszwiebeln, den Ingwer und den Rettich in einer zweiten Schüssel mit 2–3 Esslöffeln der Marinade vermengen.
6 Das Rindfleisch-Tataki mit dem Gemüse-Relish garnieren oder das Relish in kleinen Schalen separat reichen und nach Belieben mit Shiso-Blättern dekorieren. Mit Zitronenspalten servieren.

Angebratenes Carpaccio mit Fenchelsalat

Dieses scharf angebratene Carpaccio ist eine Abwandlung des berühmten rohen Klassikers aus Harry's Bar in Venedig. Der frische Fenchel sorgt für knackigen Biss, während die Oliven-Crème-fraîche eine reizvolle säuerliche Note beisteuert.

FÜR 4 PERSONEN

450 g Rinderfilet aus dem schmaleren Endstück, überschüssiges Fett und Sehnen entfernt
Salz und frisch gemahlener schwarzer Pfeffer
75 ml bestes Olivenöl
2 Fenchelknollen
150 g neue Kartoffeln, gegart, geschält, in dicke Scheiben geschnitten
2 Schalotten, geschält, in feine Ringe geschnitten
Saft von ½ Zitrone
½ Knoblauchzehe, zerdrückt
2 Sardellenfilets, abgespült, gehackt
1 EL Balsamico-Essig
125 g Rucola
50 g dünn gehobelter Parmesan

FÜR DIE OLIVEN-CRÈME-FRAÎCHE

40 g schwarze Oliven guter Qualität, entsteint, fein gehackt
125 g Crème fraîche

1 Eine Pfanne mit schwerem Boden auf großer Stufe erhitzen. Das Filet kräftig würzen und mit 30 ml des Öls einreiben. Das Fleisch in der sehr heißen Pfanne von jeder Seite 1 Minute scharf anbraten, sodass es außen gut gebräunt, im Kern aber noch roh ist. Aus der Pfanne nehmen und abkühlen lassen.
2 Den Fenchel mit dem Gemüsehobel oder einem scharfen Messer in sehr dünne Scheiben schneiden und in einer Schüssel mit den Kartoffeln und Schalotten vermengen; das fedrige Fenchelgrün grob hacken.
3 In einer zweiten Schüssel den Zitronensaft, den Knoblauch, die Sardellen und den Essig zu einem leichten Dressing verrühren. Das gehackte Fenchelgrün zugeben und das Dressing mit Salz und Pfeffer abschmecken. Über den Fenchel und die Kartoffeln gießen und sorgfältig durchheben.
4 Für die Oliven-Crème-fraîche die fein gehackten Oliven mit der Crème fraîche verrühren.
5 Zum Servieren das Filet in 5 mm dünne Scheiben schneiden, auf vier Tellern arrangieren und leicht mit Salz und Pfeffer würzen. Den Rucola unter den Fenchel-Kartoffelsalat heben und neben dem Fleisch anrichten. Mit dem gehobelten Parmesan und einem großzügigen Klecks Oliven-Crème-fraîche garnieren und sofort servieren.

Gefüllte Carpaccio-Röllchen mit Büffelmozzarella

Hauchdünn geschnittenes Carpaccio wird gewöhnlich mit ebenso dünn gehobeltem Parmesan serviert, doch Mozzarella schmeckt dazu genauso gut. Die Thunfisch-Mayonnaise rundet dieses Gericht auf originelle Weise ab.

FÜR 4 PERSONEN

400 g Rinderfilet am Stück, gut durchgekühlt
1 Büffelmozzarella, in 8 Scheiben geschnitten
Salz und frisch gemahlener schwarzer Pfeffer
50 g Thunfisch in Öl aus der Dose, abgetropft
4 EL Mayonnaise
1 EL sehr kleine Kapern, abgespült, abgetropft
1 Knoblauchzehe, zerdrückt
1 EL frisch gepresster Zitronensaft
4 EL Olivenöl
1 EL Balsamico-Essig
2 Tomaten, in kleine Würfel geschnitten
1 EL gehackte schwarze Oliven
50 g Rucola

1 Das eiskalte Filet mit einem sehr scharfen, langen Messer in 8 dünne Scheiben schneiden (das Fleisch eventuell leicht anfrieren, dann geht es einfacher). Die Scheiben auf die Arbeitsfläche legen und mit je 1 Scheibe Mozzarella belegen. Mit Salz und einer großzügigen Dosis Pfeffer würzen und zusammenrollen. Das Fleisch von außen ebenfalls kräftig salzen und pfeffern.
2 Den Thunfisch, die Mayonnaise, die Kapern, den Knoblauch und den Zitronensaft im Mixer zu einer geschmeidigen Paste verarbeiten und abschmecken.
3 Das Öl und den Essig in einer Schüssel verschlagen; die Tomaten und die Oliven unterrühren und mit Salz und Pfeffer abschmecken.
4 Zum Servieren auf jedem Teller in der Mitte etwas Thunfisch-Mayonnaise verteilen und je zwei Carpaccio-Röllchen hineinsetzen. Einige Rucolablätter über die Röllchen häufen und mit dem Tomaten-Oliven-Dressing überziehen.

Angebratenes Carpaccio mit Fenchelsalat

Bresaola

Ein schönes Rezept für kaltes Rindfleisch ist diese Bresaola, ein traditionelles italienisches Gericht, das ich vor über zwanzig Jahren mit Franco Taruschio in der TV-Show *Take Six Chefs* zelebriert habe. Dieses Rezept stammt aus Francos großartigem Buch *Leaves from the Walnut Tree* und ist ideal für größere Gesellschaften. Versuchen Sie es gar nicht erst mit einem kleineren Stück Fleisch, es funktioniert nicht. Bresaola hält sich wie Parmaschinken problemlos drei Monate lang.

FÜR 25 PERSONEN

4 kg Oberschale vom Rind
Bestes Olivenöl
Frisch gemahlener schwarzer Pfeffer
Schnittlauchröllchen
Zitronenspalten zum Servieren

FÜR DIE MARINADE

Rot- und Weißwein zu gleichen Teilen, ausreichend, um das Fleisch völlig zu bedecken
750 g grobes Meersalz
12 getrocknete rote Chilischoten
24 Gewürznelken
12 frische Lorbeerblätter
1 großes Bund frischer Rosmarin
3 Knoblauchzehen, zerdrückt
40 schwarze Pfefferkörner
4 Streifen unbehandelte Orangenschale

1 Das Fleisch von überschüssigem Fett und Sehnen befreien.
2 Sämtliche Zutaten für die Marinade in einer großen Schüssel verrühren. Das Fleisch einlegen, es muss vollständig bedeckt sein, und zugedeckt 1 Woche an einem kühlen Ort marinieren, bis es sich fest anfühlt.
3 Das Fleisch für 1 weitere Woche an einem trockenen, gut belüfteten Ort aufhängen, bis es so fest ist, dass es auf Druck nicht mehr nachgibt und sich in hauchdünne Scheiben schneiden lässt.
4 Die Bresaola rundherum mit Olivenöl einreiben, in Pergamentpapier einwickeln und bis zur Verwendung in den Kühlschrank legen.
5 Die Bresaola in hauchdünne Scheiben schneiden und dekorativ anrichten. Mit Olivenöl beträufeln, mit Salz und Pfeffer würzen und mit Schnittlauchröllchen bestreuen. Mit Zitronenspalten garnieren und servieren.

Steak Tatar mit Kartoffelchips und Trüffel-Crème-fraîche

Steak Tatar hat seit der Blütezeit der Pariser Bistros nichts von seiner Popularität eingebüßt, und obwohl ich die klassische Zubereitung liebe, gefällt mir meine eigene Version fast noch besser.

FÜR 4 PERSONEN
Sonnenblumenöl zum Frittieren
250 g festkochende Kartoffeln, geschält, in sehr dünne Scheiben geschnitten
400 g mageres Rindfleisch (Filet, Roastbeef oder Hüfte), gut durchgekühlt
4 Cornichons, abgespült, gehackt
2 Schalotten, geschält, fein gewürfelt
2 ganz frische Bio-Eier
2 Sardellenfilets, abgespült, fein gehackt
1 EL sehr kleine Kapern, abgespült, gehackt
1 EL gehackte glatte Petersilie
1 TL Dijon-Senf
Salz und frisch gemahlener schwarzer Pfeffer
50 g Feldsalat zum Garnieren

1 Das Sonnenblumenöl in einer Fritteuse oder einem großen Topf auf 180 °C erhitzen. Die Kartoffelscheiben gut trocken tupfen und, falls nötig, portionsweise goldgelb und knusprig backen. Auf Küchenpapier abtropfen lassen und warm stellen.

2 Für die Trüffel-Crème-fraîche die Mayonnaise mit dem Trüffelöl und der Crème fraîche verrühren und bis zur Verwendung kalt stellen.

3 Das Fleisch vollständig von überschüssigem Fett und Sehnen befreien, zuerst in feine Streifen, dann quer in sehr kleine Würfel schneiden. Die Fleischwürfel mit einem großen Messer grob hacken.

4 Das Tatar mit den restlichen Zutaten (außer dem Salat) in eine Schüssel geben, mit Salz und Pfeffer würzen und mit einer Gabel behutsam vermengen. Die Masse mit sauberen, mit Wasser benetzten Händen oder einem Metallring zu vier »Steaks« formen und auf Tellern anrichten.

5 Jedes Steak Tatar mit einem großzügigen Klecks der Trüffel-Crème-fraîche krönen und mit Schnittlauchhalmen dekorieren. Mit einigen Feldsalatblättern und Kartoffelchips garnieren und sofort servieren.

FÜR DIE TRÜFFEL-CRÈME-FAÎCHE
2 EL Mayonnaise
2 TL Trüffelöl
4 EL Crème fraîche
Einige Schnittlauchhalme, 2,5 cm lang

Steak Tatar auf asiatische Art

Steak Tatar ist ein ideales Versuchsfeld für die verschiedensten Aromakombinationen. Diese exotisch inspirierte Version schmeckt auch hervorragend auf kleinen Häppchen zu einem Drink.

FÜR 4 PERSONEN

400 g Rinderfilet oder Roastbeef, gut durchgekühlt
1 Stängel Zitronengras, von den äußeren Blättern befreit, fein gehackt
2 Schalotten, geschält, fein gewürfelt
2 EL *ketjap manis* (indonesische Sojasauce; aus dem Asia-Laden)
2 EL gehacktes Koriandergrün
1 EL Mango-Chutney (Fertigprodukt), fein gehackt
½ TL Wasabi (japanische grüne Meerrettichpaste; aus dem Asia-Laden)
½ TL gehackter eingelegter Ingwer
Salz und frisch gemahlener schwarzer Pfeffer
4 ganz frische Wachteleier
Zitronenspalten zum Garnieren
Shiso-Blätter (aus dem Asia-Laden) zum Garnieren

1 Das Fleisch sorgfältig von überschüssigem Fett und Sehnen befreien und in Streifen schneiden. Die Streifen anschließend quer in sehr kleine Würfel schneiden und mit einem großen Messer grob hacken.
2 Das Fleisch in einer Schüssel mit den restlichen Zutaten (außer den Wachteleiern) vermengen.
3 Das Tatar mit sauberen, mit Wasser benetzten Händen oder mithilfe eines Metallrings zu kleinen »Steaks« formen und auf vier Tellern anrichten.
4 Mit den Fingern in jedes Steak Tatar eine kleine Mulde drücken und je 1 Wachtelei hineinschlagen. Mit den Zitronenspalten und den Shiso-Blättern garnieren und servieren.

Polpette-Spieße mit Pesto und Tomaten-Mozzarella-Salsa

Ein wunderbar leichtes Mittagessen. Wenn Sie das Pesto selbst machen, umso besser; es gibt jedoch inzwischen auch erstklassiges Pesto fertig zu kaufen.

FÜR 4 PERSONEN

1 kleines Baguette
5 EL Olivenöl
3 EL Pesto
1 EL frisch gepresster Zitronensaft
Salz und frisch gemahlener schwarzer Pfeffer
425 g Rinderhackfleisch (Hochrippe oder Bauchlappen)
1 kleine Zwiebel, geschält, fein gewürfelt
1 Knoblauchzehe, zerdrückt

FÜR DIE SALSA

30 g getrocknete Tomaten, in Streifen geschnitten
12 Mozzarellabällchen *(bocconcini)*, in Spalten geschnitten
2 EL Olivenöl
1 EL Balsamico-Essig

1. Den Ofen auf 220 °C vorheizen. Das Baguette in 24 Scheiben von 1 cm Dicke schneiden. Das Olivenöl mit 1 Esslöffel des Pestos und dem Zitronensaft verrühren und mit Salz und Pfeffer würzen. Die Baguettescheiben beidseitig mit der Mischung bestreichen.
2. In einer Schüssel das Hackfleisch mit der Zwiebel, dem Knoblauch und dem restlichen Pesto vermengen und mit Salz und Pfeffer würzen. Zu kleinen Bällchen formen und immer abwechselnd mit den Brotscheiben auf gewässerte Holzspieße stecken, sodass jeder sechs Fleischbällchen und sechs Scheiben Brot bekommt.
3. Die Spieße im Ofen 5–6 Minuten backen, bis die *polpette* durchgegart sind und das Brot knusprig ist.
4. Inzwischen die Zutaten für die Salsa vermengen und kräftig mit Salz und Pfeffer abschmecken.
5. Die Spieße auf Tellern anrichten und mit der Salsa servieren.

Gegrillte Weinblätter mit pikanter Fleischfüllung auf asiatische Art

Erstklassiges Fleisch ist das A und O bei diesen leckeren kleinen Paketchen aus Weinblättern, gefüllt mit sehr fein gehacktem Steakfleisch und scharfem Thai-Chili. Besonders gut gelingen sie auf dem Holzkohlegrill. Dazu serviere ich einen scharfsauren Dip.

FÜR 4 PERSONEN

12 eingelegte Weinblätter, abgetropft
400 g sehr fein gehacktes Steakfleisch
2 Schalotten, geschält, fein gewürfelt
1 Bird-Eye-Chilischote (Thai-Chili), von den Samen befreit, fein gehackt
2 Knoblauchzehen, zerdrückt
4 Stängel Zitronengras, von den äußeren Blättern befreit, fein gehackt
1 TL brauner Zucker
1 EL *nam pla* (Fischsauce; aus dem Asia-Laden)
2 EL Thai-Basilikum, gehackt (Asia-Laden)
1 EL Korianderblätter, gehackt
3 EL Sonnenblumenöl oder ein anderes Pflanzenöl
Limettenspalten zum Garnieren

FÜR DEN DIP

4 EL süße Chilisauce
4 EL *nam pla*
3 EL Limettensaft
1 Knoblauchzehe, zerdrückt

1 Für den Dip sämtliche Zutaten gut verrühren und 1 Stunde durchziehen lassen, damit sich die Aromen miteinander verbinden.

2 Die Weinblätter 30 Minuten in kaltem Wasser einlegen. Abspülen und in frischem Wasser weitere 30 Minuten wässern. Gut abtropfen lassen.

3 In einer Schüssel das Steakfleisch, die Schalotten, den Chili, den Knoblauch und das Zitronengras gründlich vermengen. Den Zucker, die Fischsauce und die Kräuter untermischen und 30 Minuten bei Raumtemperatur marinieren.

4 Die gut abgetropften Weinblätter auf die Arbeitsfläche legen. Die Fleischfüllung in zwölf gleich große Portionen teilen und jeweils in die Blattmitte setzen. Die Blätter aufrollen und dabei seitlich einschlagen.

5 Die Röllchen mit gewässerten Holzspießen verschließen.

6 Einen Grill vorheizen oder eine Grillpfanne sehr heiß werden lassen. Die gefüllten Weinblätter mit dem Öl einpinseln und von jeder Seite 3–4 Minuten grillen, bis sie außen leicht gebräunt und innen gar sind. Die Röllchen mit den Limettenspalten anrichten und mit dem Dip servieren.

Hackfleisch-Kartoffel-Frittata

Mit einem Gemüsehobel (Mandoline) lassen sich die Kartoffeln für diese Frittata in null Komma nichts in dünne Scheiben schneiden.

FÜR 4–6 PERSONEN

3 EL Olivenöl
500 g Rinderhackfleisch
1 kleine Zwiebel, geschält, gewürfelt
2 Knoblauchzehen, zerdrückt
1 TL geräuchertes Paprikapulver
400 g neue Kartoffeln, geschält
8 Bio-Eier
5 EL Milch
2 EL gehackte glatte Petersilie
1 TL frischer Oregano
Salz und frisch gemahlener schwarzer Pfeffer
125 g Büffelmozzarella, klein zerpflückt

1. Den Ofen auf 180 °C vorheizen. In einer großen beschichteten Pfanne 1 Esslöffel des Öls erhitzen. Das Hackfleisch, die Zwiebel, den Knoblauch und das Paprikapulver darin 10–12 Minuten braten, bis das Fleisch gut gebräunt ist; etwaige Klümpchen zerteilen. Das Bratfett weggießen und die Hackfleischmischung in einer Schüssel beiseitestellen.
2. Kartoffeln in sehr dünne Scheiben schneiden. In derselben Pfanne das restliche Öl erhitzen und die Kartoffeln unter regelmäßigem Wenden goldbraun braten.
3. Das Hackfleisch zu den Kartoffeln in die Pfanne geben und noch 2–3 Minuten mitgaren.
4. In einer großen Schüssel die Eier, die Milch, die Petersilie und den Oregano verschlagen und mit Salz und Pfeffer würzen.
5. Den Käse unter die Kartoffel-Fleisch-Masse mengen, den Pfanneninhalt in die Eiermilch geben und sorgfältig verrühren.
6. Die Mischung in eine große Auflaufform füllen und 20–25 Minuten backen, bis das Ei gestockt ist. Etwas abkühlen lassen und zum Portionieren in Stücke schneiden.

Frühstückssteak mit Rösti, Spiegelei und Schwarze-Bohnen-Salsa

In Sachen Frühstück sind die Amerikaner das Maß der Dinge. Sie beginnen den Tag am liebsten mit einer deftigen Mahlzeit, die weit bis in den Nachmittag hinein vorhält. Dies hier ist genau das Richtige, wenn ein Teller Cornflakes einfach nicht reicht!

FÜR 4 PERSONEN

Schwarze-Bohnen-Salsa (siehe Seite 142)
5 EL Sonnenblumenöl
400 g Rinderfilet (aus dem schmalen Filetende), in dünne Scheiben geschnitten
½ Avocado, entsteint, gewürfelt
50 g geriebener Cheddar
4 Bio-Eier

FÜR DIE RÖSTIS

300 g ohne Schale gegarte Kartoffeln, zerstampft
2 Eigelb
1 EL Mehl
Salz und frisch gemahlener schwarzer Pfeffer

1 Die Schwarze-Bohnen-Salsa zubereiten (siehe Seite 142).
2 Für die Röstis die zerstampften Kartoffeln in einer Schüssel mit den Eigelben und dem Mehl vermengen und mit Salz und Pfeffer würzen. Den Teig zu vier kleinen Röstis formen und 1 Stunde kalt stellen.
3 In einer beschichteten Pfanne 1 Esslöffel des Öls erhitzen und die Röstis von jeder Seite 3–4 Minuten goldbraun backen. Warm stellen.
4 In einer zweiten beschichteten Pfanne 1 weiteren Esslöffel des Öls sehr heiß werden lassen. Die Filetscheiben mit Salz und Pfeffer würzen und rasch von allen Seiten braun anbraten. Die Pfanne vom Herd nehmen, die Avocadowürfel und den Käse zugeben und alles gut durchmengen, bis der Käse geschmolzen ist und das Fleisch gleichmäßig überzieht.
5 In einer weiteren Pfanne die Spiegeleier in dem restlichen Öl wie gewünscht braten.
6 Auf jeden Teller ein Rösti legen und mit dem Fleisch bedecken. Jeweils ein Spiegelei daraufsetzen und mit der Schwarze-Bohnen-Salsa garnieren. Sofort servieren.

Scharfe Rindfleischnudeln mit Fenchelsamen und indonesischer Sojasauce

Dieses Gericht schlägt immer ein. Es schmeckt unglaublich gut und braucht kaum länger als die Nudeln zum Kochen.

FÜR 4 PERSONEN

2 EL *ketjap manis* (indonesische Sojasauce; aus dem Asia-Laden)
1 EL Sesamöl
2 EL trockener Sherry
2 TL Maisstärke
2 Knoblauchzehen, zerdrückt
650 g Hüftsteak, in dünne Streifen geschnitten
2 EL Sonnenblumenöl
450 g Hokkien-Nudeln (aus dem Asia-Laden)
175 g Shiitake-Pilze, geputzt, in Scheiben geschnitten
1 rote Paprikaschote, von den Samen befreit, in lange Streifen geschnitten
2,5 cm frischer Ingwer, geschält, in dünne Scheiben geschnitten
1 kleine grüne Chilischote, in dünne Scheiben geschnitten
1 TL Fenchelsamen

1 In einer Schüssel ketjap manis, Sesamöl, Sherry, Maisstärke und Knoblauch verrühren. Die Fleischstreifen darin 10 Minuten marinieren. Wieder herausheben; Marinade zurückbehalten.
2 Das Öl in einem Wok oder einer großen Pfanne bis zum Rauchpunkt erhitzen. Die Nudeln nach der Packungsanleitung kochen, abtropfen lassen und beiseitestellen.
3 Das Fleisch in dem heißen Öl 2–3 Minuten pfannenrühren, herausheben und auf Küchenpapier abtropfen lassen.
4 Das Öl erneut erhitzen, die Pilze, die Paprikastreifen, den Ingwer, den Chili und die Fenchelsamen hineingeben und ebenfalls 2–3 Minuten pfannenrühren.
5 Das Fleisch mit der Marinade untermengen und alles 1 weitere Minute unter Rühren garen. Zuletzt die Nudeln zufügen, alles gut durchmengen und sofort servieren.

Pastrami-Burger mit Rucola und Sauerkrautsalat mit Mayo

Ob Steak oder Hacksteak, bei diesen Burgern ist die Fleischqualität ganz entscheidend. Pate gestanden hat das berühmte New Yorker Pastrami-Sandwich – geräuchertes Rindfleisch mit Sauerkraut auf Roggenbrot, höher aufgetürmt als das Empire State Building! Dies ist die Burger-Version. Ich verwende Hüfte, aber jedes andere Steakfleisch geht auch.

FÜR 4 PERSONEN

FÜR DIE BURGER

600 g Rinderhüfte, sehr fein gehackt, gut gekühlt
2 Schalotten, geschält, fein gewürfelt
2 EL Koriandergrün
1 EL Melasse (Naturkostladen oder Reformhaus)
1 TL Zucker
1 TL gemahlene Koriandersamen
½ TL geräuchertes Paprikapulver
¼ TL Cayennepfeffer
1 Prise gemahlener Piment
Salz und frisch gemahlener schwarzer Pfeffer

Olivenöl
4 Sesam-Burgerbrötchen, aufgeschnitten
4 Scheiben Tomate
1 Handvoll kleine Rucolablätter

FÜR DEN SAUERKRAUTSALAT MIT MAYO

750 g gegartes Sauerkraut, abgetropft, gehackt
1 Möhre, fein geraspelt
1 rote Zwiebel, geschält, in feine Ringe geschnitten
100 ml Mayonnaise
2 EL Tomatenketchup
½ TL Kümmel
½ TL Dijon-Senf

1 Sämtliche Zutaten für die Hacksteaks in einer großen Schüssel vermengen und 1 Stunde kalt stellen.

2 Die Hackmasse zu vier gleich großen Hacksteaks formen, mit etwas Öl bestreichen und in der Pfanne oder auf dem Grill bei mittlerer Hitze von jeder Seite 4–5 Minuten grillen, bis sie durchgegart sind.

3 In einer weiteren Schüssel die Zutaten für den Sauerkrautsalat vermengen und abschmecken.

4 Die Brötchen toasten. Die untere Hälfte mit dem Sauerkrautsalat, den Hacksteaks, 1 Tomatenscheibe und einigen Rucolablätter belegen. Die obere Brötchenhälfte darauf setzen und servieren.

MARINADEN, SAUCEN & MEHR

Marinaden

Flüssige Marinaden dienen als Geschmacksgeber und Zartmacher vor allem für Fleisch und gelegentlich auch für Fisch. In der Regel werden sie aus Wein, Öl, Essig oder Joghurt und verschiedenen Kräutern und Gewürzen zubereitet, können jedoch auch säurehaltige Säfte von frischen Früchten wie Ananas, Papaya oder – häufiger – Zitrone oder Limette enthalten.
Die hier aufgeführten Marinaden sind hervorragend für Steaks zum Grillen geeignet. Näheres zu den anderen im Buch verwendeten Marinaden finden Sie unter den jeweiligen Rezepten.

Zitronen-Senf-Marinade

4 EL Pflanzenöl
2 EL Weißweinessig
2 Knoblauchzehen, zerdrückt
1 TL Dijon-Senf
Saft von 1 Zitrone
Schale von ¼ unbehandelten Zitrone

Sämtliche Zutaten in einer Schüssel verrühren. Die Steaks einlegen und zugedeckt im Kühlschrank mindestens 4 Stunden oder über Nacht marinieren.

Joghurtmarinade

125 g griechischer Joghurt
Saft von ½ Zitrone
1 EL Tomatensaft
1 TL Paprikapulver
1 TL gemahlener Kreuzkümmel
1 Prise Zucker
Salz und frisch gemahlener schwarzer Pfeffer

Sämtliche Zutaten in einer Schüssel verrühren. Die Steaks einlegen und 30 Minuten marinieren.

Rotwein-Knoblauch-Marinade mit Kräutern

150 ml Rotwein guter Qualität
2 EL Balsamico-Essig
2 EL Olivenöl
2 Knoblauchzehen, zerdrückt
1 EL gehackte gemischte frische Kräuter (z. B. Rosmarin und Thymian)

Sämtliche Zutaten verrühren, die Steaks einlegen und mindestens 4 bis maximal 8 Stunden marinieren.

Pikante asiatische Marinade

4 EL Olivenöl
1 EL Sojasauce
1 EL *nam pla* (Fischsauce; aus dem Asia-Laden)
Saft von 1 Zitrone
5 cm frischer Ingwer, geschält, gerieben
2 Knoblauchzehen, zerdrückt
½ TL zerstoßener schwarzer Pfeffer

Sämtliche Zutaten verrühren, die Steaks einlegen und bei Raumtemperatur 2 Stunden marinieren.

Oben: Ingwer-Knoblauch
Links: Honig-Senf
Rechts: Miso-Soja

Pasten und Saucen zum Bestreichen

Diese würzigen Saucen und Pasten dienen zum Bestreichen und Glasieren von Steaks oder großen Bratenstücken während des Garens. Sie sorgen für zusätzlichen Geschmack und versiegeln die Poren, sodass der Fleischsaft nicht austreten kann. Für ihre Zubereitung kommen meist zuckerhaltige Zutaten zum Einsatz, die beim Garvorgang karamellisieren und das Fleisch mit einer klebrigen Hülle überziehen. Durch wiederholtes Einstreichen entstehen immer neue Schichten mit leichtem Karamellgeschmack. Auch das Sortiment der im Handel erhältlichen Fertigsaucen hat einiges zu bieten – Hoisin-Sauce, Pflaumensauce (Plum sauce), Barbecue-Sauce, süße Chili-Sauce –, sie alle sind sehr gut für diesen Zweck geeignet und mittlerweile fast überall zu bekommen. Hier sind meine persönlichen Favoriten für Steaks und Braten.

Honig-Senf

4 EL Olivenöl
1 EL Dijon-Senf
1 EL Honig
1 EL Sesamöl
2,5 cm frischer Ingwer, geschält, gerieben
2 Knoblauchzehen, zerdrückt
Saft von ¼ Zitrone

Alle Zutaten in einer Schüssel verrühren und vor der Verwendung 30 Minuten durchziehen lassen.

Thai-Barbecue

100 ml Kokosmilch
1 EL Thai-Currypaste
2 EL Olivenöl
1 EL brauner Zucker
2,5 cm frischer Ingwer, geschält, gerieben
1 Knoblauchzehe, zerdrückt
1 Prise Kurkuma

Die Kokosmilch mit der Currypaste in einem Topf verrühren, 5 Minuten köcheln und wieder abkühlen lassen. Die Mischung mit den restlichen Zutaten in der Küchenmaschine zu einer glatten Paste verarbeiten, die sofort verwendet werden kann.

Ingwer-Knoblauch

5 cm frischer Ingwer, geschält, gerieben
6 EL Olivenöl
2 Knoblauchzehen, zerdrückt
Salz und frisch gemahlener schwarzer Pfeffer

Den Ingwer, das Olivenöl und den Knoblauch im Mixer zu einer Paste pürieren und mit Salz und Pfeffer abschmecken.

Tamarinden-Ketchup

100 ml Tamarindenpaste
2 EL *nam pla* (Fischsauce; aus dem Asia-Laden)
2 EL Sojasauce
2 EL Reisweinessig
2 EL brauner Zucker
2 Knoblauchzehen, zerdrückt
½ TL getrocknete Chiliflocken

Die Tamarindenpaste mit 4 Esslöffeln Wasser zum Kochen bringen. Die restlichen Zutaten hinzufügen und 1 Minute garen. Vor der Verwendung abkühlen lassen.

Miso-Soja

2 EL Sojasauce
2 EL Aprikosenkonfitüre
2 EL brauner Zucker
1 EL *shiromiso* (weiße Miso-Paste; aus dem Asia-Laden)
½ TL Wasabi (japanische grüne Meerrettichpaste; aus dem Asia-Laden)

Sämtliche Zutaten mit 100 ml Wasser im Mixer zu einer Paste verarbeiten, die sofort verwendet werden kann.

Würzmischungen zum Einreiben

Nicht jeder ist so vertraut im Umgang mit kräftigen Würzmischungen zum Einreiben wie die Amerikaner, die sie viel häufiger verwenden als beispielsweise wir Briten. Gewürzmischungen, eine Kombination aus meist getrockneten Kräutern und verschiedenen Gewürzen, sind gewissermaßen eine trockene und höchst aromatische Alternative zu Marinaden. Sie werden vor dem Braten oder Grillen in das Fleisch eingerieben und entwickeln beim Garen einen würzigen Rauchgeschmack. Außerdem fördern sie die Krustenbildung, so bleibt das Fleisch schön saftig. Vermengen Sie einfach sämtliche Zutaten und reiben Sie dann mit der Mischung Ihr Lieblingssteak ein.

Nordafrikanische Gewürzmischung

2 TL gemahlener Kreuzkümmel
2 TL gemahlene Koriandersamen
¼ TL Paprikapulver
1 TL Knoblauchpulver
¼ TL Chilipulver
1 Prise Kurkuma
Salz und frisch gemahlener schwarzer Pfeffer

Steinpilz-Knoblauch-Gewürzmischung

20 g getrocknete Steinpilze, fein zermahlen
1 TL getrockneter Thymian
½ TL getrockneter Rosmarin
½ TL Knoblauchpulver

Kubanische Gewürzmischung

2 EL fein gemahlene Kaffeebohnen (helle Röstung)
2 EL brauner Zucker
1 TL getrockneter Salbei
1 TL frisch gemahlener schwarzer Pfeffer
½ TL Knoblauchpulver
1 Prise gemahlener Zimt
1 Prise gemahlener Ingwer

Fünf-Gewürze-Mischung

1 EL gemahlener Kreuzkümmel
1 TL gemahlener Piment
1 TL Curry
1 TL gemahlener Zimt
½ TL Knoblauchpulver
Salz und frisch gemahlener schwarzer Pfeffer

Mediterrane Gewürzmischung

1 EL gemahlener Kreuzkümmel
1 TL brauner Zucker
½ TL getrockneter Estragon
½ TL getrockneter Oregano
¼ TL Senfpulver
Salz und frisch gemahlener schwarzer Pfeffer
Abgeriebene Schale von 1 unbehandelten Orange

Links: Sauce béarnaise
Rechts: Sauce Choron

Warme Buttersaucen

Für mich geht nichts über ein gutes Steak, nur mit Sauce béarnaise und sonst nichts.

Sauce béarnaise

Meines Erachtens ist Sauce béarnaise die Steaksauce schlechthin. Sie ist einfach unübertroffen zu gegrilltem oder gebratenem Rindfleisch – ein Hochgenuss bei jeder Gelegenheit.

30 ml Estragon- oder Weißweinessig
2 EL gehackter frischer Estragon, die Stiele zurückbehalten
2 Schalotten, geschält, gewürfelt
8 ganze Pfefferkörner, grob zerstoßen
4 Eigelb
250 g warme zerlassene Butter
Saft von ½ Zitrone
2 EL frisch gehackter Kerbel
Salz und frisch gemahlener schwarzer Pfeffer

Den Essig, die Estragonstiele, die Schalotten und die Pfefferkörner in einen kleinen Topf geben und bei schwacher Hitze auf die Hälfte reduzieren. Abkühlen lassen und durch ein Sieb in eine hitzebeständige Schüssel gießen. Die Eigelbe und 30 ml kaltes Wasser zugeben und verschlagen.

Die Schüssel auf einen Topf mit siedendem Wasser setzen; der Boden darf das Wasser jedoch nicht berühren. Die Mischung mit einem Schneebesen aufschlagen, bis sie hellgelb und dick wird.

Die Schüssel aus dem Wasserbad nehmen und auf ein Küchentuch stellen, sodass sie festen Stand hat. Nach und nach in kleinen Mengen die zerlassene Butter unterrühren und vor jeder weiteren Zugabe sorgfältig einarbeiten, bis die Sauce am Ende vollständig emulgiert und dick ist.

Den Zitronensaft sowie den gehackten Estragon und Kerbel unterrühren und mit Salz und Pfeffer abschmecken.

Abwandlungen

CHORON: 1 Teelöffel Tomatenmark unter die fertige Sauce béarnaise rühren.
BALSAMICO: Die Hälfte der Essigmenge durch Balsamico-Essig ersetzen und die fertige Sauce mit 1 weiteren Esslöffel Balsamico vollenden.
MEERRETTICH: 2 Esslöffel Sahnemeerrettich unter die Grundsauce ziehen.
SENF: Die fertige Béarnaise mit 1 Esslöffel Dijon-Senf abrunden.
OLIVE: siehe Seite 12.

Saucen auf Basis von Mayonnaise

Sie passen hervorragend zu Steak, ob in der Grundversion oder durch ein paar Zutaten ergänzt und zu einer der zahlreichen Variationen abgewandelt. Für optimales Gelingen sollten sämtliche Zutaten raumtemperiert verarbeitet werden.

Grundrezept Mayonnaise

2 Eigelb
1 TL Dijon-Senf
1 TL Weißweinessig
1 Prise Salz
250 ml Sonnenblumen- oder Rapsöl
2 TL Zitronensaft
Frisch gemahlener schwarzer Pfeffer

Die Eigelbe, den Senf, den Essig und die Prise Salz in eine Schüssel geben. Nach und nach in einem dünnen, steten Strahl das Öl zugießen und mit einem Schneebesen unterschlagen, bis die Mischung dick wird. Wenn sämtliches Öl vollständig eingearbeitet ist, den Zitronensaft einrühren und die Mayonnaise mit Salz und Pfeffer abschmecken.

Abwandlungen

AÏOLI: Gleich zu Beginn 2 zerdrückte Knoblauchzehen zu den Eigelben und dem Senf geben und wie beschrieben fortfahren.
TOMATEN-AÏOLI: 50 g in Öl eingelegte getrocknete Tomaten mit 1 zerdrückten Knoblauchzehe und 1 Prise Cayennepfeffer im Mixer pürieren. Unter die fertige Mayonnaise rühren und abschmecken.
PESTO-MAYONNAISE: 3 Esslöffel Pesto guter Qualität unter die Mayonnaise rühren und mit Salz und Pfeffer abschmecken.
KRÄUTER-SENF-MAYONNAISE: Unter die Grundmayonnaise 1 TL Dijon-Senf und je 1 Teelöffel gehackten frischen Majoran und Thymian sowie 1 Prise gemahlenen Anis rühren.

Kalte Buttermischungen

Würzige Buttermischungen sind die einfachste Methode, zu einem Stück Fleisch eine schmackhafte Sauce auf den Tisch zu bringen. Bei allen Rezepten sollte die fertige Butter in Pergamentpapier oder Alufolie gewickelt und eingefroren oder, bei baldiger Verwendung, im Kühlschrank aufbewahrt werden. Zum Servieren nur noch kurz in Scheiben schneiden – fertig ist die leckere Sauce zu jeder Art von Steak.

Kräuterbutter

150 g weiche Butter
1 EL gehackter frischer Estragon
1 EL Schnittlauchröllchen
1 EL gehackter Kerbel
1 EL gehackte glatte Petersilie
Salz und frisch gemahlener schwarzer Pfeffer

Die Butter in einer Schüssel sorgfältig mit den Kräutern verrühren und mit Salz und Pfeffer abschmecken. Zu einer Rolle formen und bis zur Verwendung eingewickelt kalt stellen.

Senf-Estragon-Butter

150 g weiche Butter
2 EL gehackter frischer Estragon
2 TL Dijon-Senf

Die Zutaten in einer Schüssel sorgfältig verrühren, zu einer Rolle formen und bis zum Gebrauch eingewickelt kalt stellen.

Knoblauch-Kräuterbutter

4 Knoblauchzehen
150 g weiche Butter
2 EL gehackte gemischte Kräuter (z. B. glatte Petersilie, Kerbel, Schnittlauch)
Saft von ¼ Zitrone
Salz und frisch gemahlener schwarzer Pfeffer
2 EL Olivenöl

Die Knoblauchzehen abziehen und mit der Butter und den Kräutern im Mixer pürieren. In eine Schüssel geben und mit dem Zitronensaft, Salz und Pfeffer abschmecken. Das Olivenöl unterrühren, zu einer Rolle formen und bis zur Verwendung eingewickelt kalt stellen.

Roquefort-Butter

150 g weiche Butter
50 g Roquefort oder ein anderer Blauschimmelkäse, zerkrümelt
1 TL Dijon-Senf
½ TL Cognac
Salz und frisch gemahlener schwarzer Pfeffer

Sämtliche Zutaten in einer Schüssel glatt rühren und mit Salz und Pfeffer abschmecken. Zu einer Rolle formen und bis zur Verwendung eingewickelt kalt stellen.

Sardellen-Olivenbutter mit Zitrone

150 g weiche Butter
15 Sardellenfilets, abgespült, trocken getupft, gehackt
10 schwarze Oliven, entsteint
Frisch gemahlener schwarzer Pfeffer
Abgeriebene Schale von ¼ unbehandelten Zitrone
2 EL Olivenöl

Die Butter, die Sardellen und die Oliven im Mixer zu einer glatten Paste verarbeiten. In einer Schüssel mit Salz und Pfeffer würzen, die Zitronenschale und zuletzt das Olivenöl zugeben und glatt rühren. Zu einer Rolle formen und eingewickelt bis zum Gebrauch kalt stellen.

Kräuterbutter

Café-de-Paris-Butter

2 EL Ketchup
1 Schalotte, geschält, fein gewürfelt
1 EL Schnittlauchröllchen
1 TL Dijon-Senf
1 TL gehackter frischer Estragon
1 TL Cognac
1 TL Worcestersauce
½ TL gehackte Kapern
2 Sardellenfilets, gehackt
1 Prise Paprikapulver
Salz und frisch gemahlener schwarzer Pfeffer
150 g weiche Butter

Sämtliche Zutaten außer der Butter in einer Schüssel vermengen und an einem warmen Ort 24 Stunden durchziehen lassen. Die Mischung unter die weiche Butter rühren. Zu einer Rolle formen und bis zur Verwendung kalt stellen.

Montpellier-Butter

15 g Brunnenkresse, nur die Blättchen
15 g Spinatblätter
15 g Kerbel, die Blätter abgezupft
150 g weiche Butter
2 Cornichons
1 Sardellenfilet
1 Knoblauchzehe, zerdrückt
1 TL Kapern
½ TL Dijon-Senf
Saft von ¼ Zitrone
2 EL Olivenöl

Die Brunnenkresse, den Spinat und den Kerbel kurz in kochendem Wasser blanchieren und sofort in einem Sieb unter fließendem Wasser kalt abschrecken. Gut ausdrücken und mit einem sauberen Küchentuch trocken tupfen. Die Butter mit der Spinat-Kräutermischung und allen anderen Zutaten, außer dem Olivenöl, im Mixer pürieren. Das Olivenöl unterrühren, die Buttermischung zu einer Rolle formen und bis zum Gebrauch kalt stellen.

Steinpilzbutter

10 g getrocknete Steinpilze
150 g weiche Butter
2 EL Schnittlauchröllchen
1 kleine Knoblauchzehe, zerdrückt
½ TL Zitronensaft
Salz und frisch gemahlener schwarzer Pfeffer

Die Steinpilze in einem kleinen Topf mit 150 ml Wasser bedecken. Zum Kochen bringen, die Hitze reduzieren und 20 Minuten köcheln lassen. Die Pilze herausnehmen und die Flüssigkeit weiter einkochen lassen, bis nur noch 2 Esslöffel eines sirupartigen Saftes übrig sind. Abkühlen lassen. Die Pilze mit einem sauberen Küchentuch trocken tupfen, anschließend hacken und in einer Schüssel mit der Butter, dem Pilzsirup, dem Schnittlauch, Knoblauch und dem Zitronensaft verrühren. Mit Salz und Pfeffer abschmecken, zu einer Rolle formen und bis zur Verwendung kalt stellen.

Tapenade-Butter

150 g weiche Butter
50 g schwarze Oliven, entsteint, gehackt
2 TL Olivenöl
1 Knoblauchzehe, zerdrückt
1 kleines Sardellenfilet, gehackt
Frisch gemahlener schwarzer Pfeffer

Die Butter mit allen anderen Zutaten im Mixer zügig pürieren, zu einer Rolle formen und bis zur Verwendung kalt stellen.

Kresse-Mandelbutter

150 g weiche Butter
40 g geröstete Mandelkerne, gehackt
25 g Brunnenkresse, nur die Blättchen
1 Knoblauchzehe, zerdrückt
1 TL frisch gepresster Zitronensaft
Salz und frisch gemahlener schwarzer Pfeffer

Sämtliche Zutaten in einer Schüssel sorgfältig verrühren. Die Butter zu einer Rolle formen und bis zur Verwendung kalt stellen.

Rotweinbutter

150 ml Rotwein
50 ml kräftiger Rinderfond (siehe Seite 141)
1 TL Rotweinessig
2 Schalotten, geschält, fein gewürfelt
1 Zweig frischer Thymian
1 EL rotes Johannisbeergelee
150 g weiche Butter
Salz und frisch gemahlener schwarzer Pfeffer
2 EL Olivenöl

Den Rotwein, den Fond, den Essig, die Schalotten und den Thymian in einem Topf vermengen und auf die Hälfte einkochen lassen. Durch ein Sieb gießen und das Johannisbeergelee in der heißen Flüssigkeit auflösen.

Die erkaltete Mischung mit der Butter verrühren und mit Salz und Pfeffer abschmecken. Zu einer Rolle formen und bis zum Gebrauch kalt stellen.

Oben links: Café-de-Paris-Butter
Oben rechts: Montpellier-Butter
Mitte: Kresse-Mandelbutter
Unten links: Steinpilzbutter
Unten rechts: Tapenade-Butter

Klassische Steaksaucen

Hier finden Sie eine Auswahl altbewährter Saucen, die jedem Steak das gewisse Extra und einen Hauch von Luxus verleihen. Die meisten stammen aus der klassischen französischen Saucenküche.

Sauce chasseur (Jägersauce)

Sauce bordelaise

25 g kalte Butter, in kleine Würfel geschnitten
2 Schalotten, geschält, fein gewürfelt
6 schwarze Pfefferkörner, zerstoßen
1 Zweig frischer Thymian
1 kleines Lorbeerblatt
300 ml Rotwein
150 ml gebundener Rinderfond (siehe Seite 141)
Salz

In einem Topf die Hälfte der Butter aufschäumen. Die Schalotten, den Pfeffer, den Thymian und das Lorbeerblatt zugeben und mit 250 ml Rotwein auffüllen. Zum Kochen bringen und sprudelnd auf ein Drittel der Menge einkochen lassen.

Den Fond zugießen und weitere 15 Minuten garen. Die Sauce durchseihen, dabei die festen Bestandteile gut ausdrücken. Die passierte Sauce erneut zum Kochen bringen, den restlichen Rotwein unterrühren und abschmecken. Die verbliebene Butter unterschlagen und servieren.

Sauce chasseur

25 g kalte Butter, in kleine Würfel geschnitten
2 Schalotten, geschält, fein gewürfelt
100 g Champignons, geputzt
100 ml trockener Weißwein
1 EL Estragonessig
1 EL Cognac
300 ml gebundener Rinderfond (siehe Seite 141)
1 Dose (400 g) Tomaten, fein gehackt
1 EL Tomatenmark
2 EL gehackte gemischte frische Kräuter (z. B. Estragon und glatte Petersilie)
Salz und frisch gemahlener schwarzer Pfeffer

In einer Pfanne die Hälfte der Butter aufschäumen und die Schalotten darin weich schwitzen. Die Champignons zugeben und 5 Minuten sautieren. Den Weißwein, den Essig und den Cognac zugießen und weitere 5 Minuten garen. Den Fond, die Tomaten und das Tomatenmark einrühren, 10–15 Minuten köcheln lassen, anschließend die Kräuter untermengen. Vom Herd nehmen und die restliche Butter unterschlagen. Die Sauce abschmecken und servieren.

Sauce diable

25 g kalte Butter, in kleine Würfel geschnitten
2 Schalotten, geschält, fein gewürfelt
12 schwarze Pfefferkörner, zerstoßen
1 Zweig Thymian
1 kleines Lorbeerblatt
150 ml trockener Weißwein
2 EL Weinessig
300 ml gebundener Rinderfond (siehe Seite 141)
½ TL Worcestersauce
1 Prise Cayennepfeffer
Salz und frisch gemahlener schwarzer Pfeffer

In einem kleinen Topf die Hälfte der Butter aufschäumen. Die Schalotten und den Pfeffer 1 Minute anschwitzen, den Thymian und Lorbeer einlegen, den Wein und Essig zugießen und rasch auf die Hälfte einkochen lassen.

Den Fond, die Worcestersauce und den Cayennepfeffer zugeben und 10 Minuten köcheln lassen. Die Sauce durch ein Sieb passieren, wieder erhitzen und abschmecken. Die restliche Butter unterschlagen und servieren.

Links: Madeira-Sauce Rechts: Sauce Grand Veneur

Sauce Robert

25 g kalte Butter, in kleine Würfel geschnitten
1 kleine Zwiebel, geschält, fein gewürfelt
100 ml trockener Weißwein
2 EL Weißweinessig
300 ml gebundener Rinderfond (siehe Seite 141)
3 TL Dijon-Senf
Salz und frisch gemahlener schwarzer Pfeffer

In einem kleinen Topf die Hälfte der Butter aufschäumen und die Zwiebel bei geringer Hitze 8–10 Minuten anschwitzen. Den Wein und den Essig zugießen und auf die Hälfte einkochen lassen.

Den Fond einrühren und 15 Minuten köcheln lassen. Die Sauce durchseihen, die Zwiebelwürfel dabei gut ausdrücken, damit nichts vom Aroma verloren geht. Die passierte Sauce erneut erhitzen, Senf und restliche Butter unterschlagen und servieren.

Sauce Chateaubriand

15 g kalte Butter, in kleine Würfel geschnitten
2 Schalotten, geschält, fein gewürfelt
75 g Champignons, geputzt, grob gehackt
1 Zweig frischer Thymian
1 kleines Lorbeerblatt
100 ml trockener Weißwein
300 ml gebundener Rinderfond (siehe Seite 141)
75 g Kräuterbutter (siehe Seite 134)
1 EL gehackter frischer Estragon
Salz und frisch gemahlener schwarzer Pfeffer

Die Butter in einem kleinen Topf aufschäumen, die Schalotten und die Pilze 5–6 Minuten anschwitzen.

Den Thymian, das Lorbeerblatt und den Weißwein zugeben und 5 Minuten garen. Den Fond zugießen, die Sauce 15 Minuten köcheln lassen, anschließend durch ein Sieb passieren.

Sauce erneut erhitzen, Kräuterbutter und Estragon unterrühren und servieren.

Madeira-Sauce

300 ml gebundener Rinderfond (siehe Seite 141)
100 ml Madeira
15 g kalte Butter, in kleine Würfel geschnitten
Salz und frisch gemahlener schwarzer Pfeffer

Den Fond mit dem Madeira verrühren, aufkochen und 10 Minuten köcheln lassen. Die kalte Butter unterschlagen, abschmecken und servieren.

Roquefort-Sauce

50 g Butter
2 Schalotten, geschält, gewürfelt
4 EL trockener Weißwein
1 EL Cognac
200 ml gebundener Rinderfond (siehe Seite 141)
150 g Sahne
50 g ganze geschälte Mandeln
75 g Roquefort
Salz und frisch gemahlener schwarzer Pfeffer

In einem kleinen Topf die Hälfte der Butter aufschäumen und die Schalotten in 5 Minuten glasig schwitzen. Mit dem Weißwein und Cognac ablöschen und zum Kochen bringen. Den Fond zugießen, 10 Minuten köcheln lassen, dann die Sahne einrühren und weitere 5 Minuten garen. Die Mandeln mit der restlichen Butter und dem Käse im Mixer zu einer glatten Masse pürieren; unter die Sauce rühren. Die Sauce durch ein Sieb passieren, abschmecken und servieren.

Schnelle Barbecue-Sauce

2 EL Pflanzenöl
1 Zwiebel, geschält, fein gewürfelt
1 Knoblauchzehe, zerdrückt
Saft von 1 Zitrone
100 g brauner Zucker
4 EL Rotweinessig
125 ml Tomatenketchup
1 EL Worcestersauce
2 EL scharfe mexikanische Chilisauce oder ½ TL Tabasco
½ TL Dijon-Senf
Salz und frisch gemahlener schwarzer Pfeffer

Das Öl in einer Pfanne erhitzen; die Zwiebel und den Knoblauch darin 5 Minuten anschwitzen, bis sie weich und leicht gebräunt sind. Den Zitronensaft, den Zucker, den Essig, den Ketchup, die Worcestersauce, die Chilisauce oder Tabasco und den Senf zugeben und alles 8–10 Minuten garen, bis sich die Aromen miteinander verbunden haben. Mit Salz und Pfeffer abschmecken und servieren.

Sauce lyonnaise

Steak und Zwiebeln sind ein unschlagbares Duo, wie diese würzige Sauce beweist.

25 g kalte Butter, in kleine Würfel geschnitten
2 Zwiebeln, geschält, in feine Halbringe geschnitten
150 ml trockener Weißwein
100 ml Weißweinessig
300 ml gebundener Rinderfond (siehe unten)
Salz und frisch gemahlener schwarzer Pfeffer

In einem Topf die Hälfte der Butter erhitzen und die Zwiebeln darin goldgelb und weich schwitzen. Weißwein und Essig zugießen und auf die Hälfte einkochen lassen. Den Fond einrühren und 15 Minuten köcheln lassen. Die restliche Butter unterschlagen und servieren.

Sauce Grand Veneur

Diese Sauce wird traditionell zu Wild gereicht, schmeckt aber auch erstklassig zu in Rotwein mariniertem Steak.

150 ml Rotwein
2 EL Cognac
10 Pfefferkörner, zerstoßen
2 Schalotten, geschält, fein gewürfelt
175 ml gebundener Rinderfond (siehe unten)
100 g Sahne
2 EL Johannisbeergelee
10 g Butter
1 TL Worcestersauce
Salz

Den Rotwein mit Cognac, Pfeffer und Schalotten zum Kochen bringen und auf die Hälfte reduzieren. Fond und Sahne zugießen, 10 Minuten köcheln lassen, anschließend durch ein Sieb gießen. Johannisbeergelee, Butter und Worcestersauce unter die passierte Sauce schlagen, abschmecken und servieren.

Sauce dijonnaise

4 EL Weißwein
4 EL Portwein
2 kleine Schalotten, geschält, gewürfelt
200 ml gebundener Rinderfond (siehe unten)
100 g Sahne
15 g Butter
2 EL Dijon-Senf
Salz und frisch gemahlener schwarzer Pfeffer

Den Wein, den Portwein und die Schalotten in einem Topf zum Kochen bringen. Den Fond zugießen, 10 Minuten köcheln lassen, dann die Sahne unterrühren und weitere 5 Minuten garen. Die Butter unter die Sauce schlagen, den Senf einrühren, abschmecken und servieren.

Meerrettichsauce

1 EL Weißweinessig
1 TL Zitronensaft
75 g frische Weißbrotbrösel
½ TL Dijon-Senf
125 g leicht geschlagene Sahne
2 EL frischer geriebener Meerrettich
1 Prise Zucker
Salz und frisch gemahlener schwarzer Pfeffer

In einer Schüssel den Essig, den Zitronensaft, die Brotbrösel und den Senf verrühren und 30 Minuten ziehen lassen. Die Sahne, den Meerrettich und den Zucker einrühren, abschmecken und servieren.

Rinderfond (ERGIBT 2,5 L)

Bei vielen Rezepten in diesem Buch steht und fällt der Erfolg mit einem kräftigen Fond. Dies ist ein einfaches Rezept für selbst gemachten Rinderfond, der sich gut einfrieren lässt.

2 kg Rinderknochen, gehackt
2 Zwiebeln, mit der Schale geviertelt
2 große Möhren, geviertelt
1 Stange Sellerie, grob gewürfelt
4 ungeschälte Knoblauchzehen
½ TL Tomatenmark
1 TL schwarze Pfefferkörner
2 Zweige Thymian
1 Lorbeerblatt

Den Ofen auf 230 °C vorheizen. Die Knochen in einen großen Bräter legen und etwa 1½ Stunden im Ofen rösten, bis sie rundherum gut gebräunt sind. In einen großen Topf umfüllen.

Die Zwiebeln, die Möhren, den Sellerie, den Knoblauch und das Tomatenmark in demselben Bräter ebenfalls etwa 40 Minuten im Ofen rösten, bis das Gemüse kräftig gebräunt ist. Ab und zu umrühren, damit es nicht am Topfboden ansetzt.

Das Gemüse zu den Knochen in den Topf geben, die Pfefferkörner und Kräuter hinzufügen und mit 5 Litern Wasser bedecken. Langsam zum Kochen bringen und regelmäßig abschäumen. Den Fond 3 Stunden sanft köcheln lassen und immer wieder abschäumen. Bei Bedarf weiteres Wasser zugießen; die Knochen sollten stets bedeckt sein. Den Fond durch ein feines Sieb gießen und gut durchkühlen lassen. Vor der Verwendung das an der Oberfläche erstarrte Fett mit einem Löffel abheben.

Gebundener Rinderfond

Dieser Fond ist die Basis zahlreicher klassischer Steaksaucen.

500 ml Rinderfond
2 EL Pfeilwurzelmehl oder Kartoffelstärke
100 ml Madeira
Salz und frisch gemahlener schwarzer Pfeffer

Den Rinderfond zum Kochen bringen. Das Pfeilwurzelmehl oder die Stärke in dem Madeira auflösen und die Mischung in den kochenden Fond rühren. Erneut aufkochen, bis die Stärke gebunden hat, den Fond durch ein Sieb passieren und mit Salz und Pfeffer abschmecken.

Die besten Salsas zu Steak

Salsas sind eine ideale Würzbeigabe zu Steaks, vor allem, wenn es schnell gehen und die Zubereitung einfach sein soll. Hier ist eine kleine Auswahl meiner persönlichen Favoriten, die jedes Steak zu einem ganz besonderen Geschmackserlebnis werden lassen.

Zwiebel-Salsa

4 Frühlingszwiebeln, grob gehackt
1 rote Zwiebel, geschält, grob gewürfelt
2 Schalotten, geschält, in feine Halbringe geschnitten
1 kleines Bund Schnittlauch, in Röllchen geschnitten
1 Knoblauchzehe, in feine Scheiben geschnitten
1 EL Ahornsirup
Getrocknete Chiliflocken nach Geschmack

Sämtliche Zutaten in einer Schüssel vermengen und vor dem Servieren 30 Minuten durchziehen lassen. Diese Salsa muss gleich verbraucht werden. Sie lässt sich nicht im Voraus zubereiten oder für eine spätere Verwendung im Kühlschrank aufbewahren.

Provenzalische Salsa

50 g in Öl eingelegte getrocknete Tomaten
4 EL Olivenöl
2 EL gehackte schwarze Oliven
1 EL gehackte glatte Petersilie
1 EL sehr kleine Kapern
1 EL Rotweinessig
2 Knoblauchzehen, zerdrückt
1 Sardellenfilet, gehackt
1 TL Ahornsirup
Salz und frisch gemahlener schwarzer Pfeffer

Die Tomaten halbieren, in einer Schüssel mit den restlichen Zutaten vermengen und mit Salz und Pfeffer würzen. Sorgfältig durchmengen und 30 Minuten durchziehen lassen. Sofort servieren oder kalt stellen.

Kreolische Salsa

1 rote Paprikaschote, von den Samen befreit, in 1 cm große Würfel geschnitten
100 g frische Mango, in 1 cm große Würfel geschnitten
1 rote Zwiebel, geschält, fein gewürfelt
4 EL gehacktes Koriandergrün
2 EL Ahornsirup
Saft von 1 Zitrone
Saft von 2 Limetten
1 Prise getrocknete Chiliflocken
Salz und frisch gemahlener schwarzer Pfeffer

Sämtliche Zutaten in einer Schüssel vermengen und mit Salz und Pfeffer würzen. Vor der Verwendung 30 Minuten durchziehen lassen.

Asiatische Tomaten-Salsa

2 gelbe Tomaten, in 1 cm große Würfel geschnitten
2 Eiertomaten, in 1 cm große Würfel geschnitten
2 Schalotten, geschält, in feine Halbringe geschnitten
2 EL Reisweinessig
2 EL gehacktes Koriandergrün
1,5 cm frischer Ingwer, fein gehackt
1 TL Zucker
1 TL *nam pla* (Fischsauce; aus dem Asia-Laden)
Salz und frisch gemahlener schwarzer Pfeffer

Sämtliche Zutaten in einer Schüssel vermengen und mit Salz und Pfeffer würzen. Vor der Verwendung 30 Minuten durchziehen lassen.

Scharfe Chili-Salsa

4 EL Rotweinessig
4 EL bestes Olivenöl
Salz und frisch gemahlener schwarzer Pfeffer
3 große, vollreife Tomaten, gewürfelt
4 EL gehacktes Koriandergrün
1 kleine rote Zwiebel, geschält, in feine Halbringe geschnitten
1 Serrano-Chilischote, fein gehackt
2 TL Chipotle Chilis en Adobe (aus dem mexikanischen Feinkostladen)
2 TL Honig

Den Essig und das Öl in einer Schüssel verrühren; salzen und pfeffern. Die restlichen Zutaten hineingeben und durchmengen. Vor dem Servieren 30 Minuten ziehen lassen.

Blutorangen-Avocado-Salsa

1 Avocado, halbiert, entsteint und gewürfelt
2 Blutorangen, geschält, filetiert
1 rote Zwiebel, geschält, fein gewürfelt
2 Frühlingszwiebeln, in Streifen geschnitten
Saft von 2 Limetten
Etwas frischer Estragon und Koriandergrün, gehackt

Die Avocadowürfel in einer Schüssel mit den Orangenfilets und ihrem Saft sowie der Zwiebel, den Frühlingszwiebeln und dem Limettensaft durchmengen. Die Kräuter zugeben, sorgfältig durchmengen und bis zur Verwendung kalt stellen.

Schwarze-Bohnen-Salsa

2 Tomaten, enthäutet, von den Samen befreit, gewürfelt
½ rote Paprikaschote, von den Samen befreit, in 5 mm große Würfel geschnitten
100 g gegarte schwarze Bohnen (ersatzweise aus der Dose)
1 rote Zwiebel, geschält, gewürfelt
1 kleine rote Chilischote, von den Samen befreit, fein gehackt
1 EL gehacktes Koriandergrün
½ EL Ahornsirup
Saft von 1 Limette

Sämtliche Zutaten in einer Schüssel vermengen und vor dem Servieren 1 Stunde durchziehen lassen.

Oben links: Zwiebel-Salsa Rechts: Kreolische Salsa Unten links: Provenzalische Salsa

Register